C. G. Jung
Von Religion und Christentum

Einsichten und Weisheiten
bei C. G. Jung

C. G. JUNG

Von Religion und Christentum

Ausgewählt von Franz Alt

Walter-Verlag
Olten und Freiburg im Breisgau

Alle Rechte vorbehalten
© Walter-Verlag AG, Olten 1987
Satz: Hieronymus Mühlberger GmbH, Augsburg
Druck und Einband: Grafische Betriebe
des Walter-Verlags
Printed in Switzerland

ISBN 3-530-40794-1

Inhalt

Vorwort

Religion und Christentum stehen in der veröffentlichten Meinung nicht hoch im Kurs. Im Kollegenkreis von Journalisten erntete ich einen Sturm der Entrüstung, als ich einmal im politischen Fernsehmagazin «Report» bei einer Moderation das Wort «Gott» in den Mund nahm. Ich solle doch bitte schön im Bereich der Politik und bei den Tatsachen bleiben. Gehört Gott nicht zur Politik? Ist Gott keine Tatsache?

Gott als «prima causa», als Erst-Ursache, wie ihn das Mittelalter noch nannte, war in unserer aufgeklärten Zeit lange verdrängt. Die Götzen unserer Zeit – der Intellekt, der Rationalismus, der Materialismus, die Atombombe, der Sex, die Macht, der Bauch, die Karriere oder was wir sonst noch anbeten – schienen ohne Gott auszukommen. Auch an Kirchen und Theologie ging der materialistische und einseitig-rationalistische Zeitgeist nicht spurlos vorüber. Generationen von Theologen und Pfarrern versuchten, Gott wissenschaftlich zu beweisen. Natürliches religiöses Empfinden muß dabei zugrundegehen. Heute aber erkennen immer mehr Menschen die Grenzen und die Enge von Materialismus und Rationalismus. Das wichtigste Gesetz unseres Seins gewinnt wieder an Gewicht: Der Geist lenkt die Materie. C. G. Jung ist an der Wiederentdeckung dieses – eigentlich religiösen – Gesetzes wesentlich beteiligt.

Die meisten Menschen, hauptsächlich Intellektuelle, haben bestimmte Ansichten und Meinungen über Religion und Gott. Die Kirchen haben jahrhundertelang diesen Ansichts- und Meinungsglauben gelehrt und unterstützt. Ansichten und Meinungen hindern uns aber häufig an persönlichen Erfahrungen. Und um persönliche Erfahrungen geht es bei jeder lebendigen Religion. Geglaubter Glaube ist tot, erfahrener und gelebter Glaube macht lebendig. Religion ist der Weg nach innen. Nur wer sucht, kann finden. Religiöse Menschen sind Suchende. Kirchen sind häufig so langweilig, weil sie Gott nicht suchen, sondern glauben, ihn zu haben.

Tatsache ist, daß es seit Beginn der erkennbaren Geschichte kein wichtigeres Thema für uns Menschen gibt als Religion und Gott.

Echte Religion besteht in erster Linie aus seelischen Erfahrungen, aus seelischen Tatsachen. Ob wir eine Religion für echt oder falsch halten, welche Meinung wir darüber haben, ist zweitrangig.

Die massenhaften *Ansichten* unserer Zeit haben den Sinn für die religiösen *Tatsachen* früherer Generationen verdrängt. Religion ist keine Frage theologischer Spekulation, auch keine Frage von Be-Kenntnis, sondern eine Frage von Er-Kenntnis. Selbsterkenntnis, Erkenntnis unseres Selbst, ist *die* große Mangelerscheinung unserer Zeit. Um religiöse Erfahrungen zu sammeln, braucht man die höchste Form des Muts, die Demut. Doch die Intelligenzia des 20. Jahrhunderts zieht die kleine Form des Muts, den Hochmut, vor. Unser Hochmut ist es, der im Atomzeitalter an die Stelle des früheren Gottesglaubens den Glauben an die Bombe setzte. Atombomben und Atomkraftwerke sind nur die Spitzen des Eisbergs unseres materialistischen Aberglaubens. Woran glauben wir wirklich? Wem vertrauen wir: Gott oder der Bombe? Hinter der Antwort auf diese Frage verbirgt sich die vielleicht entscheidende Intelligenzprüfung der Menschheit. Nie waren Religion und überzeugtes Tatchristentum so überlebensnotwendig wie im Atomzeitalter.

Gewaltfreiheit und Vertrauen sind die Grundlagen aller Religionen. Gewaltfreiheit ist stärker als

Gewalt. Aber das weiß ich erst wirklich, wenn ich es erfahre und erlebe. Die Heilkraft der Gewaltfreiheit habe ich erst nach einer Jungschen Therapie ahnen gelernt. Mit diesem neuen Wissen habe ich in den letzten Jahren einen tiefen Zugang zu Jesus von Nazareth gefunden. C. G. Jung ist nicht meine innere Quelle. Aber er hat mir den neuen Zugang zu meiner inneren Quelle, Jesus Christus, gewiesen. Der große Psychotherapeut hat mir geholfen, das lebendige Wasser meiner arg verstopft gewesenen Quelle wieder fließen zu lassen. Tiefenpsychologie und moderne Seel-Sorge könnten eine Große Koalition zur Heilung unserer privaten und politischen Krankheiten eingehen.

Über C. G. Jung habe ich gelernt: Das Leitbild christlicher und religiöser Erneuerung kann nicht eine unverbindliche Liberalisierung und anpasserische Modernisierung sein, sondern einzig eine Radikalisierung und Vertiefung im Sinne Jesu. Der Mann aus Nazareth hat uns gezeigt, wie man richtig denkt und richtig lebt.

Baden-Baden, im Herbst 1986   Franz Alt

VON RELIGION

Religion und Psychologie

Religionen stehen nach meiner Ansicht mit allem, was sie sind und aussagen, der menschlichen Seele so nahe, daß am allerwenigsten die Psychologie sie übersehen darf.

(Werke 11, 125)

Um die leidende Seele hat sich der Geist der Menschheit seit Jahrtausenden gemüht, vielleicht früher noch als um den leidenden Körper. Das «Heil» der Seele, die «Versöhnung der Götter», die «perils of the soul» [Gefahren der Seele] sind kein Problem von gestern. *Die Religionen sind psychotherapeutische Systeme* in des Wortes eigentlichster Bedeutung und im allergrößten Ausmaß. Sie drücken den Umfang des seelischen Problems in mächtigen Bildern aus. Sie sind Bekenntnis und Erkenntnis der Seele und zugleich Offenbarung und Erscheinung des Wesens der Seele. Von dieser universalen Grundlage ist keine menschliche Seele abgetrennt . . .

(Werke 10, 197)

Vom psychologischen Standpunkt aus gesehen, ist die Religion ein psychisches Phänomen, das irrationalerweise vorhanden ist, so gut wie die Tatsache unserer Physiologie oder Anatomie. Fehlt diese Funktion, so ist der Mensch als Individuum ohne Gleichgewicht, denn die religiöse Erfahrung ist ein Ausdruck für die Existenz und Funktion des Unbewußten. Es ist nicht wahr, daß wir einzig mit der ratio [Vernunft] und dem Willen auskommen. Wir sind ganz im Gegenteil beständig unter dem Einfluß von störenden Mächten, die Vernunft und Willen durchkreuzen, das heißt, sie sind stärker als letztere. Daher kommt es, daß höchst vernünftige Leute, und gerade diese, an Störungen leiden, denen sie weder mit Willen noch Vernunft beikommen können. Der Mensch hat nun von jeher das, was er als stärker empfindet oder erfährt, als er ist, als göttlich bzw. dämonisch bezeichnet. Gott ist das Stärkere in ihm. Diese psychologische Gottesdefinition hat nun allerdings nichts mit der christlich-dogmatischen zu tun, aber sie beschreibt die Erfahrung eines oft sehr unheimlichen Gegenüber, welches mit den geschichtlichen «Gotteserfahrungen» aufs eindrücklichste übereinstimmt.

(Briefe II, 512)

Die religiösen Symbole [...] stammen nicht aus dem Kopf, sondern irgendwo anders her, vielleicht aus dem Herzen, jedenfalls aus einer psychischen Tiefenschicht, die dem Bewußtsein, das immer nur Oberfläche ist, wenig ähnelt. Darum haben die religiösen Symbole auch ausgesprochenen «Offenbarungscharakter», das heißt, sie sind in der Regel spontane Erzeugnisse der unbewußten Seelentätigkeit. Sie sind alles, nur nicht ausgedacht; sie sind vielmehr im Laufe der Jahrtausende allmählich gewachsen, wie Pflanzen, als natürliche Offenbarungen der Menschheitsseele. Auch heutzutage können wir noch immer die spontane Entstehung echter und rechter religiöser Symbole bei einzelnen Individuen beobachten, wo sie aus dem Unbewußten hervorwachsen wie Blumen fremder Art, und das Bewußtsein steht verlegen daneben und weiß nicht recht, was es mit solcher Geburt anfangen soll. Es läßt sich mit nicht allzugroßen Schwierigkeiten feststellen, daß diese individuellen Symbole inhaltlich und formal demselben unbewußten «Geist» (oder was es immer ist) entstammen wie die großen Menschheitsreligionen. Auf alle Fälle beweist die Erfahrung, daß die Religionen keineswegs bewußter Erklügelung, sondern dem natürlichen Leben der unbewußten Seele entstammen und dieses irgendwie adäquat ausdrücken. Daraus nämlich erklärt sich ihre universelle Verbreitung und ihre ungeheure historische Wirkung auf die Menschheit. Eine solche Wirkung wäre unverständlich, wenn die religiösen Symbole nicht zum mindesten *psychologische Naturwahrheiten* wären.

(Grundwerk 9, 83)

Wenn nun meine psychologische Forschung das Vorhandensein gewisser psychischer Typen und deren Analogie mit bekannten religiösen Vorstellungen nachweist, so ist damit die Möglichkeit eines Zuganges zu jenen *erfahrbaren* Inhalten gegeben, welche offenkundig und unleugbar die empirisch faßbare Grundlage der religiösen Erfahrung bilden. Es steht dem gläubigen Menschen frei, irgendwelche metaphysischen Erklärungen über den Ursprung dieser Bilder anzunehmen, nicht aber dem Intellekt, der sich strikte an die Prinzipien wissenschaftlicher Erklärung zu halten und jede Überschreitung der Wissensmöglichkeit zu vermeiden hat. [...] Tatsache ist, daß die Erkenntnis und Erfahrung vom Vorhandensein dieser inneren Bilder für Verstand sowohl wie für Gefühl einen Zugang zu jenen anderen Bildern eröffnet, welche die religiöse

Lehre dem Menschen vorsetzt. Damit tut die Psychologie das Gegenteil von dem, was man ihr vorwirft: sie verschafft Möglichkeiten zum besseren Verständnis des Vorhandenen, sie öffnet das Auge für die Sinnerfülltheit der Dogmen; sie zerstört eben gerade nicht, sondern bietet einem leeren Haus neue Bewohner. Ich kann dies aus vielfacher Erfahrung bestätigen: Abtrünnige oder Erkaltete der verschiedensten Bekenntnisse fanden einen neuen Zugang zu ihren alten Wahrheiten; darunter waren nicht wenige Katholiken. (Grundwerk 5, 20)

Was ich behaupte, ist kein Glaube, sondern ein Wissen, nicht von Gott selber, sondern von den Tatsachen der Seele. (Briefe III, 105)

Ich kann es mir nicht gestatten, etwas zu glauben über Dinge, die ich nicht weiß. Ich würde dies für vorwitzig und ungerecht halten. [...] Ich bekenne keinen «Glauben». Ich *weiß*, daß es Erfahrungen gibt, denen man «religiöse» Achtung schenken muß. Solcher Erfahrungen gibt es vielerlei Art. Auf den ersten Blick ist das ihnen einzig Gemeinsame ihre *Numinosität*, das heißt ihre ergreifende Emotionalität. Bei etwas genauerer

Untersuchung entdeckt man aber auch *Sinnge-meinsamkeit*. Das Wort religio stammt nach antiker Auffassung von religere und nicht von dem patristischen religare [rückbinden]. Ersteres bedeutet «sorgsam berücksichtigen oder beobachten». Diese Ableitung gibt der religio die richtige empirische Basis, nämlich die religiöse Lebensführung, im Gegensatz zu bloßer Wortgläubigkeit und Nachahmung.

(Briefe III, 267 f.)

Ein Punkt, den Theologen sehr häufig übersehen, ist die Frage [nach] der Realität Gottes. Wenn ich von Gott spreche, so spreche ich immer als Psychologe, was ich an vielen Stellen auch ausdrücklich hervorhebe. Das Gottesbild ist eine psychologische Tatsache für den Psychologen. Über die metaphysische Realität Gottes weiß er nichts auszusagen, denn das würde die erkenntnistheoretischen Grenzen bei weitem überschreiten. Als Empiriker kenne ich nur die ursprünglich aus dem Unbewußten entstandenen Bilder, die sich der Mensch von der Gottheit macht oder die, besser gesagt, im Unbewußten von der Gottheit gemacht werden; und diese Bilder sind unzweifelhaft sehr relativ.

(Briefe I, 252)

Der Naturwissenschaftler kann der Theologie keine tiefere Erkenntnisfähigkeit zubilligen als irgendeinem anderen menschlichen Wissenszweig. Wir wissen ebensowenig über ein höchstes Wesen wie über die Materie. Aber ebensowenig besteht ein Zweifel an der Existenz eines höchsten Wesens wie an der Existenz der Materie. *Die Welt jenseits [bewußten Erfassens] ist eine Wirklichkeit*, eine Erfahrungstatsache. Wir verstehen sie nur nicht.
(Briefe III, 177)

Unter allen meinen Patienten jenseits der Lebensmitte, das heißt jenseits 35, ist nicht ein einziger, dessen endgültiges Problem nicht das der religiösen Einstellung wäre. Ja, jeder krankt in letzter Linie daran, daß er das verloren hat, was lebendige Religionen ihren Gläubigen zu allen Zeiten gegeben haben, und keiner ist wirklich geheilt, der seine religiöse Einstellung nicht wieder erreicht, was mit Konfession oder Zugehörigkeit zu einer Kirche natürlich nichts zu tun hat.
(Werke 11, 362)

Ich war [...] der erste, der die Frage nach der praktischen Seite einer Beziehung zwischen Psy-

chotherapie und Religion stellte. Jedenfalls habe ich das religiöse Problem so häufig behandelt, daß man mir abwechselnd Gnostizismus, Atheismus, Materialismus und Mystizismus vorwarf.
(Briefe III, 312)

Wenn ich sage, ich brauche nicht an Gott zu glauben, da ich «wisse», so meine ich damit, daß ich von der Existenz der Gottesbilder im allgemeinen und im besonderen weiß. Ich weiß, daß es um eine universale Erfahrung geht, und da ich keine Ausnahme bin, weiß ich, daß auch ich eine solche Erfahrung besitze, die ich Gott nenne; es ist die Erfahrung meines eigenen Willens gegenüber einem anderen und meist stärkeren Willen, der meinen Weg oft mit scheinbar verheerenden Folgen kreuzt, der seltsame Ideen in meinen Kopf setzt und gelegentlich mein Schicksal in eine höchst unerwünschte Richtung drängt oder ihm eine unerwartet günstige Wendung gibt, unabhängig von meinem Wissen und meiner Intention. Die seltsame, gegen meine bewußten Tendenzen gerichtete oder sie begleitende Macht ist mir wohlbekannt. So sage ich: «Ich kenne Ihn.» Aber warum müssen Sie dieses Etwas «Gott» nennen? Darauf würde ich fragen: «Warum nicht?» Man hat es immer «Gott» genannt. Ein

ausgezeichneter und wahrlich sehr passender Name. Wer könnte im Ernst behaupten, daß sein Schicksal und sein Leben sich allein aus bewußtem Planen ergeben hätten?
(Briefe III, 274)

Da es in dieser Welt unendlich viel Böses gibt und da das Böse das unerläßliche Gegenstück zum Guten in der Antithese gut–böse ist, würde die Annahme, Gott sei nur gut, den Gottesbegriff willkürlich einschränken und das Böse seiner realen Existenz berauben. Wenn Gott nur gut ist, ist alles gut. Nirgends gäbe es einen Schatten. Das Böse existierte nicht, sogar der Mensch wäre gut und könnte nichts Böses tun. Das ist ein weiteres Paradox, mit dem die Psychologie um unsertwillen aufzuräumen hat.
(Briefe III, 270)

Die Paradoxie Gottes zerreißt auch den Menschen in Gegensätze und liefert ihn einem anscheinend unlösbaren Konflikt aus. Was geschieht nun in einem derartigen Zustand? Hier müssen wir der Psychologie das Wort lassen, denn sie stellt die Summe aller Beobachtungen und Erkenntnisse dar, welche sie aus der Empirie schwerer Konfliktzustände gesammelt hat. Es gibt z. B. Pflichtenkollisionen, von denen niemand weiß, wie sie zu lösen wären. Das Bewußtsein weiß nur: tertium non datur [ein Drittes gibt es nicht]! Der Arzt rät darum seinen Patienten, abzuwarten, ob nicht das Unbewußte einen Traum erzeugt, welcher ein irrationales und deshalb unvorhergesehenes und unerwartetes Drittes zur Lösung vorschlägt.

(Grundwerk 4, 291 f.)

Der richtige Weg zur Ganzheit besteht – leider – aus schicksalsmäßigen Um- und Irrwegen. Es ist eine «longissima via» [sehr langer Weg], nicht eine gerade, sondern eine gegensatzverbindende Schlangenlinie, an den wegweisenden caduceus [Heroldstab des Merkur] erinnernd, ein Pfad, dessen labyrinthische Verschlungenheit des Schreckens nicht entbehrt. Auf diesem Wege kommen die Erfahrungen zustande, die man als «schwer zugänglich» zu bezeichnen beliebt. Ihre Unzugänglichkeit beruht darauf, daß sie kostspielig sind: sie fordern das, was man am meisten fürchtet, nämlich die *Ganzheit*, die man zwar beständig im Munde führt, und mit der sich endlos theoretisieren läßt, die man aber in der Wirklichkeit des Lebens im größten Bogen umgeht.

(Grundwerk 5, 12)

Eine Vision ist nichts anderes als ein in den Wachzustand eingebrochener Traum.

(Grundwerk 4, 133)

Als Psychiater muß ich ausdrücklich hervorheben, daß die Vision und ihre Begleiterscheinungen nicht unkritisch als krankhaft bewertet werden dürfen. Sie ist, wie der Traum, ein zwar seltenes aber natürliches Vorkommnis und darf nur dann als «pathologisch» bezeichnet werden, wenn ihre krankhafte Natur erwiesen ist. Rein klinisch betrachtet sind die Visionen Ezechiels von archetypischer Natur und in keinerlei Weise krankhaft verzerrt. Es besteht kein Anlaß, sie für pathologisch anzusehen.

(Grundwerk 4, 259 f.)

Ich wende mich [...] an jene vielen, für die das Licht erloschen, das Mysterium versunken, und Gott tot ist. Für die meisten gibt es kein Zurück, und man weiß auch nicht genau, ob der Rückweg immer der bessere sei. Zum *Verständnis* der religiösen Dinge gibt es heute wohl nur noch den psychologischen Zugang, weshalb ich mich bemühe, historisch festgewordene Denkformen wieder einzuschmelzen und umzugießen in Anschauungen der unmittelbaren Erfahrung. Es ist

gewiß ein schwieriges Unterfangen, jene Brücke
wieder aufzufinden, welche die Anschauung des
Dogmas mit der unmittelbaren Erfahrung der
psychologischen Archetypen verbindet, aber die
Erforschung der natürlichen Symbole des Unbewußten gibt uns das hierzu nötige Baumaterial.
(Grundwerk 4, 91 f.)

Die Aufgabe der Kirche ist aber nicht dieselbe
wie die der Psychotherapie. Die Kirche bedeutet
Dienst an der Gemeinde, die Therapie Dienst am
einzelnen. Es gibt nämlich sehr viele Menschen,
die nur kollektiv erreichbar sind.
(Briefe I, 299)

Die Kirche ist «Durchgang» und Brücke zwischen denen, die mehr, und denen, die weniger
bewußt sind; und insofern ist sie sinnvoll. Da die
Welt weithin sub principatu diaboli [unter der
Herrschaft des Teufels] steht, ist in der Kirche
das Böse ebenso unvermeidlich wie überall.
(Briefe II, 393)

Religiöse Erfahrung

In religiösen Dingen kann man bekanntlich nichts verstehen, das man nicht innerlich erfahren hat.

(Grundwerk 5, 19)

Gott ist eine allgemeine Erfahrung, die nur von einem blöden Rationalismus und einer entsprechenden Theologie verdunkelt wird.

(Briefe II, 208)

Wie der Mensch als soziales Wesen ohne die Verbundenheit mit der Gesellschaft auf die Dauer nicht leben kann, so findet auch das Individuum nirgends seine wirkliche Daseinsberechtigung und seine geistige sowohl wie sittliche Autonomie außer in einem extramundanen [überweltlichen] Prinzip, welches den übermächtigen Einfluß der Außenfaktoren zu relativieren imstande ist. Das Individuum, das nicht in Gott verankert ist, vermag der physischen und moralischen Macht der Welt aufgrund seines persönlichen

Dafürhaltens keinen Widerstand zu leisten. Dazu bedarf der Mensch der Evidenz seiner inneren, *transzendenten Erfahrung*, welche allein ihn vor dem sonst unvermeidlichen Abgleiten in die Vermassung bewahren kann.

(Lesebuch, 265)

Es sind nicht noch so hohe ethische Leitsätze oder noch so orthodoxe Bekenntnisse, welche die Autonomie und Freiheit des Individuums begründen, sondern es ist einzig und allein das empirische Bewußtsein, das heißt die unzweideutige Erfahrung einer allerpersönlichsten und wechselseitigen Beziehung zwischen dem Menschen und einer extramundanen Instanz, welche der «Welt und ihrer Vernunft» die Waage hält.

(Lesebuch, 264)

Es gibt keinen Konflikt zwischen Religion und Naturwissenschaft. Das ist eine sehr altmodische Vorstellung. Die Naturwissenschaft muß berücksichtigen, was da ist. Es gibt Religion, und sie ist eine der wesentlichsten Manifestationen des menschlichen Geistes. Sie ist eine Tatsache, und die Naturwissenschaft hat nichts dazu zu sagen; sie kann nur einfach bestätigen, daß sie als Tatsache existiert. Die Naturwissenschaft läuft

diesen Dingen immer nach; sie versucht nicht, die Phänomene zu erklären. Die Naturwissenschaft kann eine religiöse Wahrheit nicht festlegen. Eine religiöse Wahrheit ist essentiell eine Erfahrung und nicht eine Ansicht. Religion ist eine absolute Erfahrung. Eine religiöse Erfahrung ist absolut, man kann darüber nicht diskutieren. Wenn jemand zum Beispiel ein religiöses Erlebnis gehabt hat, dann hat er eben dieses Erlebnis gehabt, und niemand kann es ihm mehr nehmen.
(Werke 18 I, 313 f.)

Die Naturwissenschaft hat nirgends einen Gott entdeckt, die Erkenntniskritik beweist die Unmöglichkeit der Gotteserkenntnis, die Seele aber tritt hervor mit der Behauptung der Erfahrung Gottes. *Gott ist eine seelische Tatsache von unmittelbarer Erfahrbarkeit.* Wenn dem nicht so wäre, so wäre von Gott überhaupt nie die Rede gewesen. Die Tatsache ist in sich selbst gültig, ohne irgendwelcher nichtpsychologischer Nachweise zu bedürfen, und unzugänglich für jegliche Form nichtpsychologischer Kritik. Sie kann sogar die unmittelbarste und damit die allerrealste Erfahrung sein, die weder belächelt noch wegbewiesen werden kann.
(Werke 8, 359 f.)

Für den Empiriker besteht alle religiöse Erfahrung in einem besonderen seelischen Zustand. Wenn wir etwas darüber wissen wollen, was religiöse Erfahrung denen bedeutet, die sie haben, so haben wir heutzutage alle Gelegenheit, jede erdenkliche Form davon zu studieren. Und wenn sie überhaupt eine Bedeutung hat, so bedeutet sie denen, die sie haben, alles. Das ist jedenfalls der unvermeidliche Schluß, zu dem man beim sorgfältigen Studium der Beweisstücke gelangt. Man könnte sogar die religiöse Erfahrung definieren als diejenige Erfahrung, welche durch die höchste Wertschätzung charakterisiert ist, ganz abgesehen davon, was ihre Inhalte sind. Die moderne Geisteshaltung, die unter dem Verdikt «extra ecclesiam nulla salus» [außerhalb der Kirche kein Heil] steht, wird sich an die Seele wenden, als an eine letzte Hoffnung. Wo sonst könnte man Erfahrung erlangen?

(Grundwerk 4, 66)

Das Unbewußte ist die uns zunächst faßbare Quelle religiöser Erfahrung. Damit ist keineswegs gesagt, daß das, was als Unbewußtes bezeichnet wird, sozusagen mit Gott identisch oder an Stelle Gottes gesetzt sei. Es ist das Medium, aus welchem für uns die religiöse Erfahrung zu entspringen scheint. Welches die fernere Ursache solcher Erfahrung ist, dies zu beantworten liegt jenseits der menschlichen Erfahrungsmöglichkeit.

(Lesebuch, 308 f.)

Ich kann nicht mit einem Glauben etwas vorwegnehmen, sondern muß mich mit meinem Unglauben solange begnügen, bis meiner Bemühung die Gnade der Erleuchtung, das heißt, die religiöse Erfahrung, entgegenkommt. Ich kann keinen Glauben *machen*.

(Briefe II, 429)

Entweder weiß ich etwas, und dann brauche ich nicht daran zu glauben; oder ich glaube daran, weil ich nicht sicher bin, daß ich es weiß. Ich begnüge mich gerne mit der Tatsache, daß ich Erfahrungen kenne, die numinos oder göttlich zu nennen ich nicht umhin kann.

(Werke 18 II, 759)

Ich habe nämlich gesehen, daß in der Regel, wenn «archetypische» Inhalte spontan in Träumen usw. auftreten, numinose und heilende Wirkungen von ihnen ausgehen. Es sind psychische *Urerfahrungen*, welche den Patienten sehr oft wieder den Zugang zu verschütteten religiösen Wahrheiten eröffnen. Ich habe diese Erfahrung auch an mir selber gemacht.

(Briefe II, 267)

Urbilder sind für mich etwas wie seelische Organe, denen ich möglichst Sorge trage, weshalb ich etwa einem älteren Patienten sagen muß: «Ihr Gottesbild oder Ihre Unsterblichkeitsidee ist atrophisch, infolgedessen ist Ihr seelischer Stoffwechsel außer Rand und Band.» Sinnreicher und tiefer, als wir dachten, ist das alte *phármakon athanasías*, das Heilmittel der Unsterblichkeit.

(Grundwerk 9, 77)

Ich bin zwar meiner subjektiven Erfahrung sicher, aber ich muß mir alle erdenkliche Beschränkung auferlegen in der Deutung derselben. Ich hüte mich daher, mich mit meiner subjektiven Erfahrung zu identifizieren. Ich halte überhaupt jede derartige Identifizierung für einen schweren psychologischen Fehler, wie ihn jeder Kritikmangel bedeutet. Wozu habe ich überhaupt einigen Verstand mitgebracht, wenn ich ihn nicht in solchen entscheidenden Dingen anwende?

(Briefe III, 110)

Richtigkeit ist überhaupt keine Kategorie, die man auf Religion anwenden könnte. Religion besteht aus seelischen Tatsächlichkeiten, von denen man nicht sagen kann, sie seien richtig oder unrichtig. Sind Läuse oder Elephanten richtig oder unrichtig? Es genügt, daß sie sind.
(Briefe I, 405)

Was die Theologie lehrt, interessiert mich sehr, da ich mich mit den drängenden Fragen meiner Patienten und – last but not least – mit meinen eigenen Fragen ernsthaft auseinandersetze. Unsere christliche Theologie beruht offensichtlich *nicht* auf der «totalen religiösen Erfahrung». Sie berücksichtigt nicht einmal die Erfahrung einer Ambivalenz des alttestamentlichen Gottes. Da sie auf dem Glauben beruht, geht sie kaum auf die unmittelbare archetypische Erfahrung zurück. Die Theologen hätten nicht die mindeste Schwierigkeit, meinem Argument zu folgen, wenn sie diese Erfahrung kennten.
(Briefe III, 163)

Einem großen Teil der gegenwärtigen Menschheit genügt die Kirche und der kirchliche Glaube. Ein anderer Teil hingegen verlangt das überzeugende Urerlebnis. Davon weiß die Theologie, weil sie kirchlich ist, naturgemäß sehr wenig und entwickelt dagegen auch einen verständlichen Widerstand. Das Urerlebnis fragt nicht nach christlichen Voraussetzungen historischer Natur, sondern besteht in einem unmittelbaren Gotteserlebnis (z. B. Moses, Hiob, Hosea, Ezechiel u. a.), das «überzeugt», weil es überwältigt. Davon aber läßt sich nicht leicht reden. Man kann nur sagen, daß man irgendwie zum Rande der Welt oder zu dem Ende seiner Möglichkeiten gelangen muß, um des Schreckens oder der Gnade eines derartigen Erlebens überhaupt teilhaftig werden zu können. Es ist von solcher Art, daß man versteht, warum die Kirche einen eigentlichen Zufluchts- oder Schutzort für diejenigen bedeutet, die das Feuer der göttlichen Gegenwart nicht ertragen können.

(Briefe III, 164)

Sobald der Mensch ein ehrliches und vollständigeres, das Kollektivniveau überragendes Bewußtsein erreicht hat, ist er nicht mehr sich selber Ziel, sondern wird Gottes Instrument, und das ist *wirklich* so, und da gibt es nichts zu lachen. [. . .] Man kann, wie Hiob, darüber klagen, aber das hat keinen Sinn.

(Briefe II, 477)

Was man einst den «Heiligen Geist» nannte, ist eine treibende Kraft, die zu vertieftem Bewußtsein und größerer Verantwortung führt und somit zu reicherer Erkenntnis. Die wahre Geschichte der Welt erscheint uns als fortschreitende Inkarnation der Gottheit.

(Briefe III, 178)

Der wohlmeinende Rationalist wird sagen, daß ich den Beelzebub mit dem Teufel austreibe und daß ich eine ehrliche Neurose durch den Schwindel eines religiösen Glaubens ersetze. Was das erstere betrifft, so habe ich nichts darauf zu antworten, da ich kein metaphysischer Experte bin, aber was das letztere betrifft, so muß ich darauf hinweisen, daß es sich nicht um die Frage des Glaubens handelt, sondern um die der *Erfahrung*.

(Grundwerk 4, 106)

Der innere Gott

Gott wohnt im Herzen, im Unbewußten. Dort ist die Quelle der Angst vor dem unsagbar Schrecklichen und der Kraft, dem Schrecken zu widerstehen.

(Grundwerk 7, 64)

Was man beinahe eine systematische Blindheit nennen könnte, ist einfach die Wirkung des Vorurteils, daß die Gottheit *außerhalb* des Menschen sei. Obwohl dieses Vorurteil nicht ein ausschließlich christliches ist, gibt es gewisse Religionen, welche es keineswegs teilen. Im Gegenteil bestehen sie, wie es auch gewisse christliche Mystiker tun, auf der wesenhaften Identität von Gott und Mensch, entweder in der Form einer Identität a priori [von vornherein] oder eines Zieles, das durch gewisse Übungen oder Initiationen erreicht werden kann, wie wir sie z. B. aus den Metamorphosen des Apulejus kennen, nicht zu reden von gewissen Yoga-Disziplinen. [...] Wenn wir die Tatsache in Betracht ziehen, daß die Gottesidee eine «unwissenschaftliche» Hypothese ist, können wir uns leicht erklären, warum die Menschen verlernt haben, in dieser Richtung zu denken. Und sogar, wenn sie einen gewissen Glauben an Gott hegen, würden sie von der Idee des «inneren Gottes» durch die religiöse Erziehung, welche diese Idee immer als «mystisch» entwertet hat, abgeschreckt. Es ist jedoch gerade diese «mystische» Idee, welche durch Träume und Visionen dem Bewußtsein aufgedrängt wird. Ich selbst ebenso wie meine Kollegen haben so viele Fälle gesehen, welche dieselbe Art von Symbolik entwickeln, daß wir an deren Existenz nicht länger zweifeln können. Überdies gehen meine Beobachtungen bis in das Jahr 1914 zurück, und ich habe vierzehn Jahre gewartet, bevor ich sie in einer Publikation erwähnte.

Es wäre ein bedauerlicher Irrtum, wenn jemand meine Beobachtungen als eine Art Beweis für die Existenz Gottes auffassen wollte. Sie beweisen nur das Vorhandensein eines archetypischen Bildes der Gottheit, und das ist alles, was wir, meines Erachtens, psychologisch über Gott aussagen können. Aber da es ein Archetypus von großer Bedeutung und starkem Einfluß ist, scheint sein relativ häufiges Vorkommen eine beachtenswerte

Tatsache für jede Theologia naturalis zu sein. Da das Erlebnis dieses Archetypus die Eigenschaft der Numinosität hat, oft sogar in hohem Maße, kommt ihm der Rang einer religiösen Erfahrung zu.

(Grundwerk 4, 63 f.)

Die Auffassung Gottes als eines autonomen, psychischen Inhaltes macht Gott zu einem *moralischen Problem* – und das ist, zugestandenermaßen, sehr unbequem. Aber wenn diese Problematik nicht existiert, so ist auch Gott nicht wirklich, denn dann greift er nirgends in unser Leben ein. Dann ist er ein historischer Begriffspopanz oder eine philosophische Sentimentalität.

(Grundwerk 3, 122)

Wie das Auge der Sonne, so entspricht die Seele Gott. Unser Bewußtsein umfaßt die Seele nicht, und es ist daher lächerlich, wenn wir in gönnerhaftem oder verkleinerndem Ton über die Dinge der Seele sprechen. Selbst der gläubige Christ kennt Gottes verborgene Wege nicht und muß es ihm anheimstellen, ob er von außen oder von innen durch die Seele auf den Menschen wirken will [...] Es wäre eine Blasphemie, zu behaupten, daß Gott sich überall offenbaren könne, nur gerade nicht in der menschlichen Seele. Ja, die Innigkeit der Beziehung zwischen Gott und Seele schließt jede Minderbewertung der Seele von vornherein aus. Es ist vielleicht zu weit gegangen, von einem Verwandtschaftsverhältnis zu sprechen; aber auf alle Fälle muß die Seele eine Beziehungsmöglichkeit, das heißt eine Entsprechung, zum Wesen Gottes in sich haben, sonst könnte ein Zusammenhang nie zustande kommen. Diese Entsprechung ist, psychologisch formuliert, der *Archetypus des Gottesbildes*.

Jeder Archetypus ist unendlicher Entwicklung und Differenzierung fähig. Es ist daher möglich, daß er mehr oder weniger entwickelt ist. In einer äußerlichen Religionsform, wo aller Nachdruck auf der äußeren Figur liegt (wo es sich also um eine mehr oder weniger vollständige Projektion handelt), ist der Archetypus identisch mit äußeren Vorstellungen, bleibt aber als seelischer Faktor unbewußt. Wenn ein unbewußter Inhalt durch ein Projektionsbild dermaßen ersetzt ist, so wird er vom Mitleben im und Einflußnehmen auf das Bewußtsein ausgeschlossen. Damit büßt er sein Leben weitgehend ein, weil er an der ihm natürlichen Gestaltung des Bewußtseins verhindert ist; ja mehr noch: er verbleibt unverändert in seiner ursprünglichen Form, denn im Unbewußten verändert sich nichts. Von einem gewissen Punkt an entwickelt er sogar eine Neigung zur Regression auf tiefere und archaischere Stufen. Es kann daher der Fall eintreten, daß ein Christ, der zwar an alle heiligen Figuren glaubt, doch im Innersten der Seele unentwickelt und unverändert bleibt, weil er den ganzen Gott «draußen» hat und ihn nicht in der Seele erfährt. Seine ausschlaggebenden Motive und seine maßgebenden Interessen und Impulse erfolgen aus der unbewußten und unentwickelten Seele, die so heidnisch und so archaisch wie nur je ist, und keineswegs aus der Sphäre des Christentums. Nicht nur das Einzelleben, sondern auch die Summierung der Einzelleben im Volk erweist die Wahrheit dieser Behauptung.

(Grundwerk 5, 16 f.)

Gott hat, ohne Mithilfe des Menschen, ein unbegreiflich herrliches und zugleich unheimlich widerspruchsvolles Bild von sich selber gemacht und es dem Menschen als einen Archetypus, ein *archétypon phōs* [archetypisches Licht] ins Unbewußte gelegt, nicht damit die Theologen aller Zeiten und Zonen sich darüber in die Haare geraten, sondern damit der nichtanmaßliche Mensch in der Stille seiner Seele auf ein ihm ver-

wandtes, aus seiner eigenen seelischen Substanz
erbautes Bild blicken mag, welches alles in sich
hat, was er sich je über seine Götter oder über
seinen Seelengrund ausdenken wird.

(Lesebuch, 341 f.)

Das Gottesbild koinzidiert, genau gesprochen,
nicht mit dem Unbewußten schlechthin, sondern
mit einem besonderen Inhalt desselben, nämlich
mit dem Archetypus des Selbst. Dieser ist es, von
dem wir empirisch das Gottesbild nicht mehr zu
trennen vermögen. Man kann zwar arbiträr eine
Verschiedenheit dieser beiden Größen postulie-
ren. Das nützt uns aber gar nichts, im Gegenteil
hilft es nur dazu, Mensch und Gott zu trennen,
wodurch die Menschwerdung Gottes verhindert
wird. Gewiß hat der Glaube recht, wenn er dem
Menschen die Unermeßlichkeit und Unerreich-
barkeit Gottes vor Augen und zu Gemüte führt;
aber er lehrt auch die Nähe, ja Unmittelbarkeit
Gottes, und es ist gerade die Nähe, die empirisch
sein muß, soll sie nicht völlig bedeutungslos sein.
Nur das, was auf mich wirkt, erkenne ich als
wirklich. Was aber nicht auf mich wirkt, kann
ebensogut nicht existieren. Das religiöse Bedürfnis verlangt nach Ganzheit und ergreift darum
die vom Unbewußten dargebotenen Ganzheits-

bilder, die, unabhängig vom Bewußtsein, aus den
Tiefen der seelischen Natur aufsteigen.
(Grundwerk 4, 306 f.)

Gott [...] ist das Wort, mit dem ich alles benen-
ne, was meinen vorsätzlich geplanten Weg ge-
waltsam und rücksichtslos durchkreuzt, alles,
was meine subjektiven Anschauungen, Pläne und
Absichten umstürzt und meinen Lebenslauf auf
Gedeih und Verderb in andere Richtung drängt.
Insofern der Ursprung dieser Schicksalsmacht
meinem Einfluß entzogen ist, nenne ich sie in
ihrem negativen wie in ihrem positiven Aspekt,
der Tradition entsprechend, «Gott»; ich nenne
sie einen «persönlichen Gott», da mein Schicksal
im eigentlichen Sinn auch mich selbst darstellt,
vor allem wenn jene Macht in Gestalt des Gewis-
sens an mich herantritt als eine vox Dei [Stimme
Gottes], mit der ich sogar sprechen und mich
auseinandersetzen kann.
(Briefe III, 276)

Ich habe diesen Mittelpunkt als das *Selbst* bezeichnet. Intellektuell ist das Selbst nichts als ein
psychologischer Begriff, eine Konstruktion, welche eine uns unerkennbare Wesenheit ausdrük-
ken soll, die wir als solche nicht erfassen können,

denn sie übersteigt unser Fassungsvermögen, wie schon aus ihrer Definition hervorgeht. Sie könnte ebensowohl als «*der Gott in uns*» bezeichnet werden. Die Anfänge unseres ganzen seelischen Lebens scheinen unentwirrbar aus diesem Punkt zu entspringen, und alle höchsten und letzten Ziele scheinen auf ihn hinzulaufen. Dieses Paradoxon ist unausweichlich, wie immer, wenn wir etwas zu kennzeichnen versuchen, was jenseits des Vermögens unseres Verstandes liegt.

Ich hoffe, es sei dem aufmerksamen Leser hinlänglich klar geworden, daß das Selbst mit dem Ich genauso viel zu tun hat wie die Sonne mit der Erde. Die beiden können nicht verwechselt werden. Ebensowenig handelt es sich um eine Vergottung des Menschen oder um eine Herabsetzung Gottes.

(Grundwerk 3, 120 f.)

Solange das Selbst unbewußt ist, entspricht es dem Über-Ich Freuds und bildet eine Quelle beständiger moralischer Konflikte. Wird es aber aus der Projektion zurückgezogen, das heißt, ist es nicht mehr die Meinung der anderen, dann weiß man, daß man sein eigenes Ja und Nein ist. Dann wirkt das Selbst als eine *unio oppositorum* [Vereinigung der Gegensätze] und bildet damit die unmittelbarste Erfahrung des Göttlichen, welche psychologisch überhaupt faßbar ist.

(Grundwerk 4, 164 f.)

Aus dem Gesagten wird klar, daß dieses Selbst nicht nur ein etwas bewußteres oder höher gesteigertes «Ich» ist, was Ausdrücke wie «selbstbewußt», «selbst-gefällig» usw. nahelegen könnten. Das, was hier «Selbst» genannt wird, ist nicht nur in mir, sondern in allen, wie der Atman, wie das Tao. Es ist die *psychische Totalität*. Es ist ein Mißverständnis, wenn man mir vorwirft, ich hätte damit einen «immanenten Gott» und also einen «Gottesersatz» geschaffen. Ich bin Empiriker, und als solcher kann ich die Existenz einer dem Bewußtsein übergeordneten Ganzheit nachweisen, empirisch nachweisen. Diese übergeordnete Ganzheit wird vom Bewußtsein numinos erlebt, als tremendum und fascinosum [erschreckend und faszinierend]. Als Empiriker interessiert mich nur der Erlebnischarakter dieser übergeordneten Ganzheit, die an sich, ontisch genommen, ein indescriptibile [Unbeschreibbares] ist. Dieses «Selbst» steht nie und nimmer an Stelle Gottes, sondern ist vielleicht ein *Gefäß* für die göttliche Gnade. Solche Mißverständnisse rühren von der Annahme her, daß

ich ein irreligiöser Mensch sei, der nicht an Gott glaube ...
(Grundwerk 9, 117f.)

Ich habe den Ausdruck «Selbst» gewählt, um die Totalität des Menschen, die Summe seiner bewußten und unbewußten Gegebenheiten, zu bezeichnen. Diesen Ausdruck habe ich übernommen in Übereinstimmung mit der östlichen Philosophie, welche sich seit Jahrhunderten mit denjenigen Problemen beschäftigt hat, die sich dann ergeben, wenn sogar die Menschwerdung der Götter überschritten ist.
(Grundwerk 4, 85)

Wenn man annimmt, daß Gott den Seelengrund berühre und bewirke oder gar dieser sei, so sind die Archetypen sozusagen Organe (Werkzeuge) Gottes. Das Selbst «funktioniert» wie das Christusbild. Das ist der theologische «Christus in nobis» [Christus in uns]. So haben nicht nur ich, sondern schon die Alten gedacht, zurück bis Paulus. Ich stehe klar auf der empirischen Ebene und spreche psychologisch, wo der Theologe eine analoge theologische oder mythologische Sprache spricht.
(Lesebuch, 347)

Man muß sich stets der Tatsache bewußt sein, daß Gott ein Geheimnis ist, und alles, was wir darüber aussagen, ist von Menschen gesagt und geglaubt. Wir machen uns Bilder und Auffassungen, und wenn ich von Gott rede, so meine ich immer das Bild, das sich die Menschen von Ihm machen. Wie Er aber ist, weiß niemand, er wäre denn selber ein Gott. Daß unter irgendeinem Aspekt wir auch an der Göttlichkeit teilhaben, darauf macht uns Christus selber aufmerksam, indem er sagt: «Ihr seid Götter.» (Joh. 10,34) (Briefe III, 118)

Religion und Konfession

Ich halte jeden Konfessionalismus für durchaus unchristlich.
(Werke 18 II, 691)

Der negative Entscheid des einzelnen hinsichtlich seiner Teilnahme an einer Konfession bedeutet keineswegs immer eine antichristliche Haltung, sondern gegebenenfalls geradezu das Gegenteil, nämlich eine Rückbesinnung auf das Gottesreich im Herzen des Menschen.
(Grundwerk 3, 155)

Der Laie identifiziert Religion mit einer «Konfession», das heißt, mit den «Dingen, die in der Kirche getan werden». So sind der Islam, das Judentum, der Buddhismus usw. [für ihn] einfach Religionen, wie das Christentum. Daß es ein echtes Innenleben gibt, eine Verbindung mit transzendentalen Mächten, die Möglichkeit religiöser *Erfahrung*, weiß man nur vom Hörensagen. Auch stehen die Kirchen der Anschauung,

daß das Alpha und Omega der Religion die subjektive individuelle Erfahrung sei, nicht gerade
wohlwollend gegenüber. Für sie kommt die Gemeinschaft an erster Stelle, wobei sie die Tatsache
ganz außer acht lassen, daß, je mehr Menschen
zusammen sind, desto weniger Individualität existiert. Mit Gott allein zu sein ist höchst verdäch-
tig, weil nämlich der Wille Gottes – Achtung! –
schrecklich sein und einen von seiner Familie
und seinen Freunden isolieren kann, und weil,
wer mutig oder närrisch genug ist, vielleicht im
Irrenhaus landet. Und doch, wie ist Religion
möglich ohne die Erfahrung des göttlichen Willens? Die Dinge sind verhältnismäßig einfach,
solange Gott nichts von uns will als die Erfüllung
seiner Gesetze; was aber, wenn er von uns verlangt, sie zu brechen, wie es ebenso im Bereich
des Möglichen liegt? Der arme [Prophet] Hosea
war in der Lage, an die symbolische Natur seiner
peinlichen Ehe zu glauben, doch wie steht es um
den nicht weniger armen kleinen Arzt, der durch
einen Meineid seine Seele aufs Spiel setzen muß,
um ein menschliches Leben zu retten?
(Werke 18 II, 779)

Die *Konfession* bekennt eine bestimmte Kollek-
tivüberzeugung, während das Wort *Religion* eine

subjektive Beziehung zu gewissen metaphysischen, das heißt extramundanen [außerweltlichen] Faktoren ausdrückt. Die Konfession ist in der Hauptsache ein an die Umwelt gerichtetes Bekenntnis und somit eine intramundane [innerweltliche] Angelegenheit, wohingegen der Sinn und Zweck der Religion in der Beziehung des Individuums zu Gott (Christentum, Judentum, Islam) oder zum Pfade der Erlösung (Buddhismus) bestehen. Von dieser Grundtatsache leitet sich die jeweilige *Ethik* her, die ohne die individuelle Verantwortung vor Gott nur konventionelle *Moral* bedeutet.

Die Konfessionen als Kompromisse mit der weltlichen Wirklichkeit haben sich dementsprechend zur fortschreitenden Kodifizierung ihrer Anschauungen, Lehren und Gebräuche veranlaßt gesehen und haben sich damit dermaßen veräußerlicht, daß ihre eigentliche religiöse Essenz, nämlich die lebendige Beziehung zu und die unmittelbare Auseinandersetzung mit ihrem extramundanen Bezugspunkt, in den Hintergrund gerieten. Der konfessionelle Standpunkt mißt Wert und Bedeutung der subjektiven religiösen Bezogenheit am Maßstab der traditionellen Lehre, und, wo dies weniger der Fall ist (wie im Protestantismus), da wird wenigstens von Pietismus,

Sektiererei, Schwarmgeisterei und dergleichen gesprochen, wenn sich jemand auf den unmittelbaren Willensentscheid Gottes berufen sollte. Die Konfession fällt zusammen mit der Staatskirche oder bildet wenigstens eine öffentliche Institution, welcher nicht nur eigentliche Gläubige, sondern auch eine Unmenge Leute, die man nicht anders denn als religiös indifferent bezeichnen kann, sozusagen gewohnheitsmäßig angehören. Hier wird der Unterschied zwischen Konfession und Religion handgreiflich.

Die Zugehörigkeit zu einer Konfession ist daher nicht immer eine religiöse Angelegenheit, sondern vielmehr eine soziale, und trägt insofern nichts bei zur Grundlegung des Individuums.

(Lesebuch, 263 f.)

Unsere Konfessionen mit ihren zwar berechtigterweise altertümlichen Riten und Vorstellungsformen drücken ein Weltbild aus, welches zwar dem Mittelalter noch keine erheblichen Beschwerden verursachte, wohl aber dem Menschen von heutzutage unverständlich geworden ist, obgleich ein tiefer Instinkt ihn immer noch veranlaßt, trotz des Konfliktes mit der modernen Weltanschauung an Vorstellungen festzuhalten, welche, wenn wörtlich genommen, der Geistesentwicklung der letzten fünf Jahrhunderte nicht mehr gerecht werden. Dies geschieht offenkundigerweise, damit er nicht in den Abgrund nihilistischer Verzweiflung falle.

(Lesebuch, 297)

Die Kirchen haben es sich allerdings selbst zuzuschreiben, wenn die Leute Religion mit Konfession verwechseln und [die Tatsache], daß sie kein Bedürfnis verspüren, etwas zu glauben, als einen Beweis dafür ansehen, daß Religion überflüssig sei. [...] Die Psychotherapie von heute strebt nicht danach, sondern sie wird öfters sogar dazu gezwungen, die Seelenführung auf einem Gebiet zu übernehmen, das eigentlich und ursprünglich zur *geistlichen* Seelsorge gehörte, und damit wird sie zu einer erzieherischen Leistung veranlaßt, welche die höchsten Anforderungen an Wissen und Können der Therapeuten stellt. Damit sieht sich der Arzt gelegentlich vor Probleme gestellt, deren Behandlung er zwar ablehnen kann in Anbetracht seiner Inkompetenz, die aber doch behandelbar sind, wenn er die nötigen Bedingungen erfüllt. Hier stößt die praktische Behandlung unmittelbar mit Weltanschauungsfragen zusammen, und es hat dann wahrlich nicht den geringsten Sinn, solche Fragen als uneigentlich zur Seite zu schieben und den Patienten damit von der so nötigen Beziehung zu und Anpassung an die großen, weltbewegenden Zeitprobleme abzuschneiden und ihn so in ein neurotisches Winkeldasein hineinzustoßen. Das wäre eben gerade das, was die Therapie *nicht* bezweckt.

(Werke 10, 600)

Die Wissenschaft sucht die Wahrheit, weil sie sich nicht im Besitze derselben fühlt. Die Kirche *hat* die Wahrheit, und darum sucht sie sie nicht.

(Briefe I, 430)

Ich gehe aus vom Bekenntnis des Nicht-Wissens, Nicht-Erkennens und Nicht-Könnens. Die Gläubigen gehen aus von der Behauptung des Wissens, Erkennens und Könnens. Es gibt nun nur eine Wahrheit, und wenn wir sie (die Glaubenden) fragen, was diese Wahrheit sei, so geben sie uns eine Reihe der verschiedensten Antworten, an denen nur eines sicher ist, daß jeder, der glaubt, seine eigene und besondere Wahrheit verkündet; anstatt daß er sagt: mir persönlich erscheint es so, sagt er: es sei so, womit alle anderen eo ipso unrecht haben.

Ich bin der Ansicht, daß es menschlicher, anständiger und überhaupt angemessener wäre, wenn wir uns zuvor einmal sorgfältig erkundigten, was die anderen meinen, und wenn wir uns dementsprechend weniger absolut ausdrückten. Dies wäre allgemein bekömmlicher, als subjektive Meinungen zu glauben und andere Meinungen als Irrtümer zu verdammen.

(Briefe III, 109)

Buber nimmt naiverweise an, daß jedermann dasselbe denke wie er, wenn er «Gott» sagt. In Wirklichkeit meint er aber Jahwe, der orthodoxe Christ die Dreieinigkeit, der Mohammedaner Allah, der Buddhist Buddha, der Taoist Tao usw. Jeder verharrt auf seinem Standpunkt und bildet sich ein, die einzige Wahrheit zu besitzen; darum schlage ich Bescheidenheit vor bzw. die Gewilltheit anzunehmen, daß Gott sich in verschiedenen Sprachen ausdrücken könne. Es sind aber die Theologen in allen möglichen Variationen, die dem lieben Gott in den Arm fallen und ihm vorschreiben, wie er ihrer Auffassung nach beschaffen zu sein hat. Das führt zu keiner Verständigung zwischen Menschen, und sie haben wir gerade heutzutage bitter nötig. [Das] bedeutet in Wirklichkeit nur die uns so nötige erkenntnistheoretische Selbstbeschränkung.

(Briefe III, 101)

Es ist wirklich nicht leicht, mit den Theologen ins Gespräch zu kommen: sie hören nicht den anderen (der von vornherein unrecht hat), sondern nur sich selber (und nennen dies das Wort Gottes). Das kommt vielleicht daher, daß sie gezwungen sind, von der Kanzel herunter zu predigen, worauf niemand antworten darf. Diese Einstellung, der ich ungefähr überall begegnete, hat mich aus der Kirche verscheucht, wie so viele andere auch. Ich unterhalte mich gern mit Theologen, protestantischen wie katholischen, welche verstehen und verstehen wollen, wovon ich rede. Die Unterhaltung erreicht allerdings dort ihr Ende, wo man an die Mauer von Kirche und Konfession anstößt, denn dort beginnt die Rechthaberei und der Machttrieb, welch letzterer außer sich selbst nichts mehr gelten läßt. Deshalb lacht der Teufel angesichts der sich befehdenden 400 protestantischen Denominationen und des großen reformatorischen Schismas. Wenn nicht einmal die christlichen Kirchen sich einigen können! Welch infernalische Blamage!

(Briefe II, 330 f.)

Jede Versteifung auf konfessionalistische Standpunkte vergrößert den Riß und vermindert die moralische und geistige Autorität des Christentums, was jedermann außerhalb der Kirche deutlich sehen kann. Aber gewisse Leute sind wie mit Blindheit geschlagen.

(Lesebuch, 352)

Der tertius gaudens [lachende Dritte] des Hausstreites ist der Antichrist, der beileibe nicht etwa nur aus dem deutschen Protestantismus oder der weltlich verkauften Zarenkirche entsprungen, sondern auch auf dem sehr katholischen Boden Italiens und Spaniens gewachsen ist. Jede Kirche hat sich an die Brust zu schlagen wie auch jeder Europäer: Mea culpa, mea maxima culpa! *Keiner hat recht*, und darum sagt der wissenschaftlich gesinnte Mensch von heute: Laßt uns Tatsachen, auf die sich alle einigen können, suchen gehen, denn Meinungen, die sich zu totalen Wahrheiten ausgewachsen haben, sind die Quellen nie endenwollenden Streites.

(Lesebuch, 353)

VOM CHRISTENTUM

Christus

«Unsere Vollendung aber ist Christus», da er das vollendete Gottesbild bedeutet.

(Werke 9 II, 49)

Im Jahre 1939 hielt ich ein Seminar über die «Exercitia Spiritualia» [Geistliche Übungen] des Ignatius von Loyola. Gleichzeitig war ich mit den Studien zu «Psychologie und Alchemie» beschäftigt. Eines Nachts erwachte ich und sah in helles Licht getaucht den Crucifixus [Gekreuzigten] am Fußende des Bettes. Er erschien nicht ganz in Lebensgröße, war aber sehr deutlich, und ich sah, daß sein Leib aus grünlichem Gold bestand. Es war ein herrlicher Anblick, doch ich erschrak über das Geschaute. Visionen als solche sind mir sonst nichts Ungewöhnliches, denn ich sehe öfters plastische hypnagogische Bilder. Damals hatte ich viel über die «Anima Christi» [Seele Christi], eine Meditation aus den «Exercitia», nachgedacht. Die Vision schien mir nahezulegen, daß ich bei meinem Nachdenken etwas übersehen hatte, und das war die Analogie Christi zum «aurum non vulgi» (dem nicht gewöhnlichen Golde) und der «viriditas» (der Grüne) der Alchemisten. Als ich verstand, daß das Bild auf diese zentralen alchemistischen Symbole hinwies, daß es sich also eigentlich um eine alchemistische Christus-Vision handelte, war ich getröstet.

Das grüne Gold ist die lebendige Qualität, die die Alchemisten nicht nur im Menschen sahen, sondern auch in der anorganischen Natur. Es ist Ausdruck für einen Lebensgeist, die «anima mundi» [Seele der Welt] oder den «filius macrocosmi» [Sohn des Kosmos], den in der ganzen Welt lebendigen Anthropos [Menschen]. Bis in die anorganische Materie ist dieser Geist ausgegossen, er liegt auch im Metall und im Stein. So war meine Vision eine Vereinigung des Bildes Christi mit seiner Analogie, die in der Materie liegt.

(Erinnerungen, 214)

Es war mir auch wichtig, wie Christus astrologisch vorausgesagt werden konnte [...]. Während der Arbeit ergab sich auch die Frage nach der historischen Gestalt, nach dem Menschen Jesus. Sie ist darum bedeutungsvoll, weil die kollektive Mentalität seiner Zeit – man könnte sagen: der Archetypus, der damals konstelliert war, nämlich das Urbild des Anthropos [Menschen] – sich auf ihn, einen fast unbekannten jüdischen Propheten, niedergeschlagen hat. Die antike Anthropos-Idee, deren Wurzeln in der jüdischen Tradition einerseits und im ägyptischen Horus-Mythus andererseits liegen, hatte die Menschen zu Beginn der christlichen Ära ergriffen; denn sie entsprach dem Zeitgeist. Es ging um den «Menschensohn», den Sohn Gottes, der dem «divus Augustus», dem Herrscher dieser Welt, gegenüberstand. Dieser Gedanke machte das ursprünglich jüdische Problem des Messias zur Angelegenheit der Welt.

Es wäre aber ein schweres Mißverständnis, wollte man es als bloßen «Zufall» ansehen, daß Jesus, der Zimmermannssohn, das Evangelium verkündet hat und zum salvator mundi, zum Erlöser der Welt, geworden ist. Er muß eine Persönlichkeit von begnadetem Ausmaß gewesen sein, daß er imstande war, die allgemeine, wenn auch unbewußte Erwartung seiner Zeit so vollkommen auszudrücken und darzustellen. Niemand anderer hätte der Träger einer solchen Botschaft sein können als eben dieser Mensch Jesus.

(Erinnerungen, 215)

Was wir «Jesus Christus» nennen, ist, wie ich annehmen möchte, viel weniger ein biographisches als ein soziales, d. h. kollektives Phänomen, das im Zusammenprall einer kaum umrissenen, jedoch außerordentlichen Persönlichkeit mit einem sehr besonderen «Zeitgeist» und dessen ebenso bemerkenswerter Psychologie entstand.
(Briefe II, 306)

Was die menschliche Seite Christi anbelangt, wenn man von einem *nur* menschlichen Aspekt überhaupt reden kann, so tritt die «Philanthropie» [Menschenliebe] besonders deutlich hervor. Dieser Zug ist schon angedeutet in der Beziehung der Maria zu Sophia [Weisheit], und sodann, in besonderem Maße, in der Zeugung durch den Heiligen Geist, dessen weibliche Natur Sophia personifiziert, denn sie ist die unmittelbare historische Vorform des hágion pneûma [heiligen Geistes], welches durch die *Taube*, den Vogel der Liebesgöttin, symbolisiert wird. Auch ist meist die Liebesgöttin die Mutter des frühsterbenden Gottes. [. . .]
Neben der Menschenliebe macht sich im Charakter Christi eine gewisse Zornmütigkeit bemerkbar, und, wie es bei emotionalen Naturen häufig der Fall zu sein pflegt, ebenso ein Mangel

an Selbstreflexion. Nirgends findet sich ein An-
haltspunkt dafür, daß Christus sich je über sich
selbst gewundert hätte. Er scheint nicht mit sich
selber konfrontiert zu sein. Von dieser Regel gibt
es nur *eine* bedeutende Ausnahme, nämlich den
verzweiflungsvollen Aufschrei am Kreuz: «Mein
Gott, mein Gott, warum hast Du mich verlas-
sen?» Hier erreicht sein menschliches Wesen
Göttlichkeit, nämlich in dem Augenblick, wo
der Gott den sterblichen Menschen erlebt und
das erfährt, was er seinen treuen Knecht Hiob
hat erdulden lassen. Hier wird die Antwort auf
Hiob gegeben, und, wie ersichtlich, ist auch dieser supreme Augenblick ebenso göttlich wie
menschlich, ebenso «eschatologisch» wie «psychologisch». Auch hier, wo man restlos den
Menschen empfinden kann, ist der göttliche Mythus eindrucksvoll gegenwärtig. Und beides ist
ein und dasselbe. Wie will man da die Gestalt
Christi «entmythologisieren»? Ein solcher ratio-
nalistischer Versuch würde ja das ganze Geheimnis dieser Persönlichkeit herauslaugen, und was
übrig bliebe, wäre nicht mehr die Geburt und das
Schicksal eines Gottes in der Zeit, sondern ein
historisch schlecht beglaubigter religiöser Leh-
rer, ein jüdischer Reformator, der hellenistisch
gedeutet und mißverstanden wurde – etwa ein

Pythagoras oder meinetwegen ein Buddha oder ein Mohammed, aber keinesfalls ein Sohn Gottes oder ein menschgewordener Gott.

(Grundwerk 4, 247 f.)

Das «Christussymbol» ist der Psychologie von größter Wichtigkeit, insofern es, neben der Gestalt des Buddha, vielleicht das am höchsten entwickelte und differenzierte Symbol des Selbst ist. Dies ermessen wir an der Umfänglichkeit und dem Gehalt der über Christus vorhandenen Aussagen, welche der psychologischen Phänomenologie des Selbst in selten hohem Maße entsprechen, obschon sie nicht alle Aspekte dieses Archetypus in sich begreifen. Der unabsehbar weite Umfang desselben kann als Nachteil gegenüber der Bestimmtheit einer religiösen Figur bewertet werden. Werturteile zu fällen ist aber keineswegs die Aufgabe der Wissenschaft. Das Selbst ist nicht nur unbestimmt, sondern enthält auch paradoxerweise den Charakter der Bestimmtheit, ja der Einmaligkeit. Dies ist wohl einer der Gründe, warum gerade diejenigen Religionen, welche historische Persönlichkeiten zu Begründern haben, zu Weltreligionen geworden sind, wie das Christentum, der Buddhismus und der Islam.

(Grundwerk 5, 24)

Christus veranschaulicht den Archetypus des Selbst. Er stellt eine Ganzheit göttlicher oder himmlischer Art dar, einen verklärten Menschen, einen Gottessohn «sine macula peccati» [ohne den Makel der Sünde], der von der Sünde nicht befleckt ist [...]. Christus ist die wahre imago Dei [Bild Gottes], nach deren Ähnlichkeit unser innerer Mensch unsichtbar, unkörperlich und unsterblich geschaffen ist.

(Werke 9/II, 47 f.)

Der «Christusarchetypus», wie Sie schreiben, ist ein falscher Begriff. *Christus ist kein Archetypus, sondern eine Personifikation des Archetypus.*

(Briefe III, 30)

Die Evangelienschreiber waren ebenso wie Paulus darauf bedacht, den fast gänzlich unbekannten jungen Rabbi, der nach einer vielleicht nur einjährigen Karriere ein frühzeitiges Ende gefunden hatte, mit wunderbaren Eigenschaften und geistlichen Bedeutungen zu überhäufen. Was sie aus ihm gemacht haben, wissen wir, aber wir wissen nicht, bis zu welchem Grade dieses Bild mit dem wirklich historischen Mann etwas zu tun hat, der unter einer Lawine von Projektionen erstickt wurde. Ob er der ewig lebendige Christus und Logos war, wissen wir nicht. Es ist ohnehin gleichgültig, da das Bild des Gottmenschen in jedem von uns lebendig ist und in dem Menschen Jesus inkarniert (das heißt projiziert) wurde, um sichtbar in Erscheinung zu treten, damit die Leute ihn als ihren eigenen inneren homo [Menschen], ihr Selbst, erkennen konnten.

(Werke 18 II, 745)

Sicher ist «Christus» ein neuer Sinn des Mythus für den *antiken Menschen*. Aber wenn wir nach 2000 Jahren immer noch die Neuigkeit betonen, so müssen wir zugleich nachweisen, worin eigentlich das für uns Neue besteht, das wir *noch nie gehört und verstanden* haben. Dann könnten wir wieder fühlen wie die Urchristen. Wir hören aber nur dieselben alten Worte und werden, wie Bultmann, mythologieüberdrüssig. *Inwiefern ist die Botschaft für uns neu?* Inwiefern ist Christus uns noch unbekannt? Daß Er da ist als lebendige Person, die unserer Willkür enthoben ist, hat man schon längst gehört und alles andere auch. Es braucht hier einen neuen Ansatzpunkt, den man ohne neue Sinngebung nicht finden kann. Die Botschaft lebt nur, wenn sie neuen Sinn zeugt. Ich glaube keineswegs, daß sie erschöpft ist, viel eher die Theologie. Wie machen Sie es

Ihrem Hörer deutlich, daß Christi Tod und Auferstehung sein [des Hörers] Tod und seine Auferstehung sind? Setzen Sie da nicht Christus und das Selbst des Menschen in eines, und ist dies nicht eine Ansicht, die man mir bestreitet? Wenn das Sterben und Auferstehen Christi mein Sterben und Auferstehen bedeutet, d. h., wenn a = b, dann ist auch b = a. Daß Christus das Selbst des Menschen ist, findet sich zwar implizit schon im Evangelium, aber der Schluß Christus = Selbst ist nie deutlich gezogen worden. Das ist eine *neue* Sinngebung, eine weitere Stufe der Inkarnation bzw. der Verwirklichung Christi.
(Briefe II, 229 f.)

Anstatt daß wir uns selber, d. h. unser Kreuz, selber tragen, beladen wir Christus mit unseren ungelösten Konflikten. Wir «stellen uns unter *sein* Kreuz», aber beileibe nicht unter unser eigenes. Wer letzteres tut, ist ein Ketzer, Selbsterlöser, «Psychoanalytiker» und Gott weiß was. Das Kreuz Christi wurde *von ihm selber getragen* und war *sein eigenes*. Sich unter ein fremdes und schon getragenes Kreuz zu stellen, ist sicherlich einfacher, als sein eigenes Kreuz unter dem Spott und der Verachtung seiner Umwelt zu tragen. Man bleibt ja dabei schönstens in der Tradition und wird als fromm gelobt. Das ist wohlorganisiertes Pharisäertum und äußerst unchristlich. Nur wer im Sinn und Geist Christi lebt, ist christlich. Wer Christus imitiert und sozusagen die Unverschämtheit besitzt, Christi Kreuz auf sich nehmen zu wollen, wo er nicht einmal sein eigenes tragen kann, hat nach meiner Ansicht noch nicht einmal das Abc der christlichen Botschaft verstanden.

(Briefe II, 290)

Die Imitatio [Nachahmung] Christi wird auf die Dauer den Nachteil haben, daß wir einen Menschen als göttliches Vorbild verehren, der höchsten Sinn verkörperte, und vor lauter Nachahmung vergessen, unseren eigenen höchsten Sinn zu verwirklichen. Es ist nämlich nicht ganz unbequem, auf den eigenen Sinn zu verzichten. Hätte Jesus das getan, so wäre er wohl ein ehrbarer Zimmermann geworden und kein religiöser Aufrührer, dem es heute natürlich ähnlich erginge wie damals.

(Werke 13, 61)

Christus hat sich des Sünders angenommen und ihn nicht verdammt. Die wahre *Nachfolge* Christi wird dasselbe tun, und da man dem andern nichts tun sollte, was man sich nicht selber täte, so wird man sich auch des Sünders annehmen, welcher man selber ist. Und sowenig man Christus anklagt, daß er mit dem Bösen fraternisiere, sowenig soll man sich den Vorwurf machen, daß die Liebe zum Sünder, der man selber ist, ein Freundschaftspakt mit dem Bösen sei. Durch Liebe bessert man, durch Haß verschlechtert man, auch sich selber. Die Gefährlichkeit dieser Auffassung fällt mit der Gefährlichkeit der Nachfolge Christi zusammen; der «Gerechte» aber wird sich nicht im Gespräch mit Zöllnern und Huren ertappen lassen. Ich muß schon betonen, daß die Psychologie weder das Christentum noch die «imitatio» [Nachahmung] Christi erfunden hat. Ich wünsche allen, daß die Kirche ihnen die Last ihrer Sünden abnehme. Wem sie diesen Dienst aber nicht leisten kann, der muß sich in der Nachfolge Christi sehr tief bücken, um die Last seines Kreuzes auf sich zu nehmen. (Grundwerk 5, 36f.)

Daß ich den Bettler bewirte, daß ich dem Beleidiger vergebe, daß ich den Feind sogar liebe im Namen Christi, ist unzweifelhaft hohe Tugend. Was ich dem Geringsten unter meinen Brüdern tue, das habe ich Christus getan. Wenn ich nun aber entdecken sollte, daß der Geringste von allen, der Ärmste aller Bettler, der Frechste aller Beleidiger, ja der Feind selber in mir ist, ja daß ich selber des Almosens meiner Güte bedarf, daß ich mir selber der zu liebende Feind bin, was dann? Dann dreht sich in der Regel die ganze christliche Wahrheit um, dann gibt es keine Liebe und Geduld mehr, dann sagen wir zum *Bruder in uns* «Raka» [Idiot], dann verurteilen wir und wüten gegen uns selbst. Nach außen verbergen wir es, wir leugnen es ab, diesem Geringsten in uns je begegnet zu sein, und sollte Gott selber es sein, der in solch verächtlicher Gestalt an uns herantritt, so hätten wir ihn tausendmal verleugnet, noch ehe überhaupt ein Hahn gekräht hätte.

Wer mit Hilfe der modernen Psychologie nicht nur hinter die Kulissen seiner Patienten, sondern vor allem hinter seine eigenen geblickt hat – und das muß ein Psychotherapeut, der nicht ein naiver Schwindler ist, getan haben –, der muß gestehen, daß es das Allerschwierigste, ja das Unmögliche ist, sich selber in seinem erbärmlichen Sosein anzunehmen. Schon der bloße Gedanke daran kann einen in Angstschweiß versetzen, deshalb zieht man mit Vergnügen und ohne Zögern das Komplizierte vor, nämlich das Nichtwissen um sich selbst und die geschäftige Bekümmerung um andere und anderer Schwierigkeiten und Sünden. Dort winken sichtbare Tugenden, die die andern und einen selbst wohltätig täuschen. Man ist – Gott sei Dank – sich selbst entlaufen. Es gibt unzählige Menschen, die dies ungestraft tun können, aber nicht alle, und diese brechen dann vor ihrem Damaskus [vgl. Apg. 9] mit einer Neurose zusammen.

(Werke 11, 367 f.)

Christentum im Niedergang

Das Kerygma (Verkündigung, Botschaft) der ersten Jahrhunderte goß *neuen* Geist aus, und darum wirkte es wie Feuer. Aber das «Salz» ist wortwörtlich «dumm» geworden, und darum salzt es nicht mehr.

(Briefe I, 432)

Religiöse Sentimentalität anstatt das Numinosum göttlicher Erfahrung: das ist das wohlbekannte Kennzeichen einer Religion, die das lebendige Geheimnis verloren hat. Es ist leicht verständlich, daß eine solche Religion unfähig ist, Hilfe zu geben oder irgendeine andere moralische Wirkung zu haben.

(Grundwerk 4, 39)

Daß der Mensch als Maß der Dinge durch eine psychologische Betrachtungsweise mehr ins Zentrum des Blickfeldes gerückt wird, ist nicht zu bestreiten. Man mißt ihm damit keine unberechtigte Bedeutung zu. Schon die großen Weltreligionen, Buddhismus und Christentum, haben dem Menschen, jede in ihrer Weise, eine zentrale Stelle angewiesen, und das Christentum hat diese seine Tendenz symbolisch durch das Dogma unterstrichen, daß Gott selber wirklicher Mensch geworden sei. Keine Psychologie der Welt könnte diese Würdigung überbieten.

(Werke 14 II, 331)

Es darf nicht übersehen werden, daß im Unterschied zu anderen Religionen gerade das Christentum ein Symbol lehrt, das die individuelle Lebensführung eines Menschen und Menschensohnes zum Inhalt hat und diesen Individuationsvorgang sogar als Inkarnation und Offenbarung Gottes selber auffaßt. Damit fällt der Selbstwerdung des Menschen eine Bedeutung zu, deren Tragweite wohl noch kaum richtig eingeschätzt worden ist.

(Lesebuch, 280)

Die Hingabe an Gott ist ein furchtbares Abenteuer und ebenso «einfach» wie jegliche Situation, die der Mensch nicht mehr zu beherrschen vermag. Wer sich ganz einzusetzen wagt, befindet sich unmittelbar in den Handen Gottes und ist darin mit einer Situation konfrontiert, die den «einfachen Glauben» zu einer vitalen Notwendigkeit macht, mit anderen Worten: die Lage wird so riskant oder geradezu bedrohlich, daß die tiefsten Instinkte erwachen. Eine Erfahrung dieser Art ist immer numinos, weil sie alle Aspekte der Ganzheit vereinigt. All das kommt aufs schönste in der Symbolik der christlichen Religion zum Ausdruck: der Wille Gottes, der in Christus Gestalt angenommen hat, drängt auf den fatalen Ausgang, die Katastrophe hin, gefolgt von der Tatsache oder der Hoffnung der Auferstehung.

(Werke 18 II, 732 f.)

Die Dogmen sind pneumatische Strukturen von höchster Schönheit und einem bewundernswerten Sinn, um den ich mich in meiner Art gemüht habe. Daneben lassen sich unsere wissenschaftlichen Versuche, Modelle der «objektiven Psyche» herzustellen, überhaupt nicht sehen.

(Lesebuch, 343)

Wenn ich den Versuch gewagt habe, alte, fremd gewordene Dogmata einer psychologischen Betrachtung zu unterziehen, so geschah dies wahrlich nicht aus eingebildeter Besserwisserei, sondern aus der Überzeugung, daß das Dogma, um welches so viele Jahrhunderte gerungen haben, unmöglich eine leere Phantasie sein kann. Dazu lag es mir zu sehr auf der Linie des consensus omnium [Übereinstimmung aller], nämlich des Archetypus. Erst diese Einsicht hat mir überhaupt eine Beziehung zum Dogma ermöglicht. Als metaphysische «Wahrheit» blieb es mir völlig unzugänglich, und ich darf wohl vermuten, daß ich bei weitem nicht der einzige bin, dem es so ergangen ist.

(Werke 11, 217)

Ich weiß aus hundertfacher Erfahrung, daß die Seele die Entsprechung all jener Dinge enthält, welche das Dogma formuliert hat, und einiges darüber hinaus, was eben die Seele befähigt, jenes Auge zu sein, dem es bestimmt ist, das Licht zu schauen. Dazu bedarf es unermeßlichen Umfangs und unauslotbarer Tiefe. Man hat mir «Vergottung der Seele» vorgeworfen. *Nicht ich – Gott selbst hat sie vergottet!* Nicht ich habe der Seele eine religiöse Funktion angedichtet, sondern ich habe die Tatsachen vorgelegt, welche beweisen, daß die Seele «naturaliter religiosa» [von Natur aus religiös] ist, das heißt, eine religiöse Funktion besitzt: eine Funktion, die ich nicht hineingelegt oder -gedeutet habe, sondern

die sie selber von sich aus produziert, ohne durch
irgendwelche Meinungen oder Suggestionen dazu veranlaßt zu sein.

(Grundwerk 5, 18)

Wer in der Welt von heute noch von absoluter
und einziger Wahrheit redet, der spricht einen
obsoleten Dialekt, aber keinesfalls die Sprache
der Menschheit. Das Christentum hat ein *Euan-
gélion*, eine gute Botschaft von Gott, aber kein
Lehrbuch der Dogmatik mit Totalitätsanspruch.

(Werke 18 II, 692)

Die Abwanderung der Gebildeten aus den Kirchen überhaupt ist ein bedenklicher Verlust,
denn es bedeutet ein Abgleiten der Kirche auf ein
niedereres Volksniveau und damit einen Verlust
an geistigem Leben. Eine Kirche, die sich nur
noch auf Massen stützt, ist von einem Staat kaum
zu unterscheiden.

(Briefe I, 279)

Die Trennung von Glauben und Wissen ist ein
Symptom der Bewußtseinsspaltung, welche den
gestörten Geisteszustand der neueren Zeit charakterisiert.

(Lesebuch, 298)

Man vergesse den konfessionellen Hochmut, der sich im Besitz der alleinigen Wahrheit wähnt und das Schisma der Christenheit immer noch weiter ausbrütet, und besinne sich auf die einzig wichtige Frage: *Was hat es mit der Religion überhaupt auf sich?* Nur noch ein Bruchteil der weißen Menschheit ist christlich, und da leistet sich das Christentum den Luxus, sich mit dem menschlichen Verstand nicht auseinanderzusetzen?

(Briefe II, 281)

Das psychologische Interesse unserer Zeit erwartet etwas von der Seele, etwas, das die äußere Welt nicht gegeben hat, zweifellos etwas, das unsere Religionen enthalten sollten, aber nicht oder nicht mehr enthalten oder für den Modernen nicht enthalten.

Dem Modernen erscheinen die Religionen nicht mehr von innen, als aus der Seele herkommend, sondern sie sind ihm Inventarstücke der äußeren Welt geworden. Kein überweltlicher Geist erfaßt ihn mit innerer Offenbarung, sondern er versucht, Religionen und Überzeugungen auszuwählen, wie ein Sonntagsgewand anzuziehen, um sie als abgetragene Kleider schließlich wieder abzulegen.

(Werke 10, 100)

Der «legitime» Glaube geht immer auf das Erlebnis zurück. Daneben aber gibt es einen Glauben, der ausschließlich auf der Autorität der Tradition beruht. Man kann auch diesen Glauben als «legitim» bezeichnen, indem auch die Macht der Tradition ein Erlebnis darstellt, dessen Wichtigkeit für die Kontinuität der Kultur außer Frage steht. Bei dieser Form des Glaubens tritt allerdings die Gefahr der bloßen Gewohnheit, der geistigen Trägheit und des gedankenlosen und bequemen Verharrens ein, welche einen Stillstand und damit einen Rückschritt der Kultur herbeizuführen droht. Diese mechanisch gewordene Abhängigkeit geht Hand in Hand mit einer psychischen Regression zur Infantilität, indem die traditionellen Inhalte ihren eigentlichen Sinn allmählich einbüßen und nur noch formal geglaubt werden, ohne daß dieser Glaube noch irgendwelche Wirkung auf das Leben besäße. [...] Diese Lage scheint mir heutzutage vorhanden zu sein.
(Grundwerk 8, 78 f.)

Wirkliche Gemeinschaft ist mir nur mit denen möglich, die gleiche oder ähnliche religiöse Erfahrungen haben, und nicht mit denen, die nur an den Buchstaben glauben und sich niemals die Mühe machten, dessen Implikationen zu verstehen und sich dem göttlichen Willen vorbehaltlos auszusetzen. Diese gebrauchen das Wort Gottes, um sich gegen den Willen Gottes zu schützen.

(Werke 18 II, 780)

Ist Glaube echt und lebendig, dann wirkt er. Ist er aber nur Einbildung und Willensanstrengung ohne Verständnis, dann achte ich seinen inneren Wert gering. Leider ist dieser unbefriedigende Zustand in unserer Zeit sehr verbreitet, und da dem, der nicht glauben kann, sondern verstehen möchte, nur Zweifel und Skepsis bleiben, wird die ganze christliche Überlieferung als bloße Phantasie über Bord geworfen. Darin sehe ich einen ungeheuren Verlust, für den wir einen schrecklichen Preis zu zahlen haben werden. Die Wirkung zeigt sich in der Auflösung ethischer Werte und einer totalen Desorientierung unserer «Weltanschauung». Die «Wahrheit» von Naturwissenschaft und «Existentialphilosophie» ist ein schwacher Ersatz.

(Briefe II, 437)

Da es sich beim Glauben um zentrale und lebenswichtige «Obervorstellungen», welche dem Leben allein den notwendigen Sinn verleihen, handelt, so stellt sich dem Psychotherapeuten zu allererst die Aufgabe, selber die Symbole neu zu begreifen, um seinen Patienten in dessen unbewußtem kompensatorischem Streben nach einer Einstellung, welche das Ganze der menschlichen Seele ausdrückt, zu verstehen.

(Grundwerk 8, 79)

Die geistige Desorientierung der römischen Welt wurde durch den Einbruch des Christentums kompensiert. Natürlicherweise mußte es sich, um bestehen zu können, nicht nur gegen seine Feinde, sondern auch gegen seine eigenen zu weit gehenden Ansprüche wehren, so unter anderem gegen den Gnostizismus. Es mußte seine Lehre zunehmend rationalisieren, um die Flut des Irrationalen eindämmen zu können. Daraus entstand im Laufe der Jahrhunderte jene Ehe zwischen der ursprünglichen irrationalen Christusbotschaft und der menschlichen Vernunft, welche den abendländischen Geist charakterisiert. In dem Maße aber, als die Vernunft allmählich überwog, setzte sich der Intellekt durch und beanspruchte Autonomie. Und wie der Intellekt sich der Psyche bemächtigte, so auch der Natur, und er gebar ein wissenschaftlich-technisches Zeitalter, das dem natürlichen und irrationalen Menschen immer weniger Raum bot. Damit aber war das Fundament zu einer inneren Opposition gelegt, welche heute die Welt mit dem Chaos bedroht.

(Grundwerk 4, 193)

Der westliche Mensch ist christlich, gleichgültig zu welcher Konfession er gehört. Für ihn ist der Mensch innerlich ganz klein, fast ein Nichts; dazu kommt noch, wie Kierkegaard sagt, daß «der Mensch immer im Fehler ist vor Gott». Er sucht die große Macht gnädig zu stimmen durch Furcht, Buße, Versprechen, Unterwerfung, Selbsterniedrigung, gute Taten und Lobpreisungen. Die große Macht ist nicht er selber, sondern ein «totaliter aliter», das Ganz-Andere, welches absolut vollkommen und außerhalb ist, die einzige Wirklichkeit. Wenn man die Formel etwas verschiebt und für Gott eine andere Größe, z. B. die Welt oder das Geld, einsetzt, bekommt man das vollständige Bild eines westlichen Menschen – fleißig, furchtsam, fromm, sich selbst demütigend, unternehmend, gierig und leidenschaftlich im Erraffen von Gütern dieser Welt wie Besitztümer, Gesundheit, Wissen, technische Meisterschaft, öffentliche Wohlfahrt, politische Macht, Eroberungen usw. Welches sind die großen populären Bewegungen unserer Zeit? Versuche,

Geld oder Besitz von anderen an uns zu reißen und unseren eigenen Besitz zu bewahren. Der Geist wird hauptsächlich damit beschäftigt, passende «-ismen» zu erfinden, um die wirklichen Motive zu verbergen oder mehr Beute zu erringen.

(Werke 11, 519f.)

Die großen Ereignisse unserer Welt, die von Menschen beabsichtigt und hervorgebracht sind, atmen nicht den Geist des Christentums, sondern des ungeschminkten Heidentums. Diese Dinge stammen aus einer archaisch gebliebenen seelischen Verfassung, welche vom Christentum auch nicht von ferne berührt worden ist. [...] Die christliche Kultur hat sich in erschreckendem Ausmaß als hohl erwiesen: sie ist äußerliche Politur; der innere Mensch aber ist unberührt und darum unverändert geblieben. Der Zustand der Seele entspricht nicht dem äußerlich Geglaubten. Der Christ hat in seiner Seele mit der äußerlichen Entwicklung nicht Schritt gehalten. Ja, es steht äußerlich alles da in Bild und Wort, in Kirche und Bibel. Aber es steht nicht innen. Im Innern regieren archaische Götter, wie nur je; das heißt, die innere Entsprechung des äußeren Gottesbildes ist aus Mangel an seelischer Kultur unentwickelt und darum im Heidentum steckengeblieben. Die christliche Erziehung hat zwar das Menschenmögliche geleistet; aber es genügte nicht. Zu wenige haben es erfahren, daß die göttliche Gestalt innerstes Eigentum der eigenen Seele ist. Ein Christus ist ihnen nur außen begegnet, aber nie aus der eigenen Seele entgegengetreten; darum herrscht dort noch finsteres Heidentum, welches zum Teil mit nicht mehr zu leugnender Deutlichkeit, zum Teil in allzu fadenscheiniger Verhüllung, die sogenannte christliche Kulturwelt überschwemmt.

Mit den bisher angewendeten Mitteln ist es nicht gelungen, die Seele bis zu dem Grade zu christianisieren, daß auch nur die elementarsten Forderungen der christlichen Ethik irgendeinen maßgeblichen Einfluß auf die hauptsächlichsten Belange des christlichen Europäers hätten.

(Grundwerk 5, 17)

Vom Osten lernen

Die entscheidende Frage für den Menschen ist:
Bist du auf Unendliches bezogen oder nicht? Das
ist das Kriterium seines Lebens.

(Erinnerungen, 327)

Durch einen unvermeidlichen Schicksalsbe-
schluß wird der Westen mit der Eigenart der östlichen Geisteshaltung bekannt. Es ist nutzlos,
diese entwerten zu wollen oder falsche und trü-
gerische Brücken über gähnende Abgründe zu
bauen. Anstatt die geistigen Techniken des
Ostens auswendig zu lernen und sie in einer
durchaus christlichen Art mit entsprechend for-
cierter Einstellung zu imitieren – imitatio Christi! – wäre es viel wichtiger herauszufinden, ob
im Unbewußten eine introvertierte Tendenz existiert, die dem führenden geistigen Prinzip des
Ostens ähnlich ist. Wir wären dann in der Lage,
auf unserem Boden und mit unseren Methoden
aufzubauen. Wenn wir uns diese Dinge direkt
vom Osten aneignen, haben wir nur unserer

westlichen Erwerbstüchtigkeit nachgegeben. Damit bestätigen wir wieder, daß «alles Gute draußen ist», von wo es geholt und in unsere unfruchtbaren Seelen gepumpt werden muß.

Es scheint mir, daß wir dann wirklich etwas vom Osten gelernt haben, wenn wir verstehen, daß die Seele genug Reichtümer enthält, ohne daß sie von außen befruchtet werden muß, und wenn wir uns fähig fühlen, uns zu entfalten – mit oder ohne göttliche Gnade. Aber wir können uns nicht auf dieses anspruchsvolle Unternehmen einlassen, ehe wir gelernt haben, ohne geistigen Hochmut und blasphemische Selbstsicherheit zu handeln. Die östliche Haltung verletzt die speziell christlichen Werte, und es nützt nichts, diese Tatsachen zu übersehen. Wenn unsere neue Einstellung ehrlich, das heißt verankert in unserer eigenen Geschichte, sein soll, müssen wir uns diese Haltung aneignen mit dem vollen Bewußtsein der christlichen Werte und mit dem Bewußtsein des Konfliktes zwischen diesen Werten und der introvertierten Haltung des Ostens. Wir müssen von innen zu den östlichen Werten gelangen, nicht von außen, wir müssen sie in uns, im Unbewußten, suchen. Dann werden wir entdecken, wie groß unsere Furcht vor dem Unbewußten ist und wie heftig unsere Widerstände

sind. Dieser Widerstände wegen bezweifeln wir
gerade das, was dem Osten so offensichtlich erscheint, nämlich die Fähigkeit der introvertierten
Mentalität zur Selbstbefreiung.

(Werke 11, 520f.)

Was der Europäer zunächst in Indien sieht, ist
äußerlich angeschaute Körperhaftigkeit. Das ist
aber nicht Indien, wie es der Inder sieht, das ist
nicht *seine* Wirklichkeit. Wirklichkeit ist, wie das
deutsche Wort besagt, das was *wirkt*. Der Inbe-
griff des Wirkenden ist für uns mit der Erscheinung der Welt verknüpft, für den Inder dagegen
mit der *Seele*. Welt ist ihm Schein, und seine Realität nähert sich dem, was wir etwa Traum nennen würden.
Dieser seltsame Gegensatz zum Westen drückt
sich zuallermeist in der religiösen Übung aus.
Wir reden von religiöser Erbauung und Erhebung, Gott ist uns der Herr des Weltalls, wir
haben eine Religion der Nächstenliebe, in unseren in die Höhe strebenden Kirchen gibt es einen
Hochaltar; Indien dagegen spricht von Dhyâna,
Meditation und Versenkung, die Gottheit ist im
Inneren aller Dinge und vor allem im Menschen,
man wendet sich vom Äußeren ab zum Inneren;
in den alten indischen Tempeln ist der Altar

2–3 m tief in die Erde versenkt, und was wir auf das Schamhafteste verhüllen, ist dem Inder heiligstes Symbol. Wir glauben an das Tun, der Inder an das unbewegte Sein. Unsere religiöse Übung besteht in Anbetung, Verehrung und Lobpreisung, die wesentlichste Übung des Inders dagegen ist der Yoga, die Versenkung in einen, wie wir sagen würden, bewußtlosen Zustand, den er aber als höchstes Bewußtsein preist. Der Yoga ist einerseits der sprechendste Ausdruck des indischen Geistes, andererseits das stets gebrauchte Instrument zur Erzeugung eben dieser eigenartigen Geisteshaltung.

Was ist nun der Yoga? Das Wort «yoga» bedeutet wörtlich *Anjochung*, nämlich Disziplinierung der seelischen Triebkräfte, im Sanskrit als kleças bezeichnet. Die Anjochung bezweckt die Beherrschung jener Kräfte, die den Menschen an die Welt verhaften.

(Grundwerk 9, 165 f.)

Der westliche Mensch ist von den «zehntausend Dingen» bezaubert; er sieht das einzelne, er ist ich- und dingverhaftet und der tiefen Wurzel alles Seins unbewußt. Der östliche Mensch dagegen erlebt die Einzeldingwelt, ja sogar sein Ich wie einen Traum und wurzelt wesenhaft im Urgrund, der ihn so mächtig anzieht, daß seine Weltbezogenheit in einem für uns oft unbegreiflichen Maße relativiert ist.

Die westliche, objektbetonte Haltung neigt dazu, das «Vorbild» Christus in seinem gegenständlichen Aspekt zu belassen und ihn damit seiner geheimnisvollen Beziehung zum inneren Menschen zu berauben. Dieses Präjudiz veranlaßt zum Beispiel den protestantischen Interpreten, das auf das Gottesreich bezügliche *entós hymōn* als «zwischen euch», statt «in euch» zu deuten. Es soll damit nichts über die Gültigkeit der westlichen Haltung gesagt sein. Wir sind ja davon hinlänglich überzeugt. Setzt man sich dagegen mit dem östlichen Menschen auseinander – was der Psychologe eben tun muß –, so kann man sich gewisser Zweifel nur noch schwer entledigen.

(Grundwerk 5, 13 f.)

Im Osten hat der innere Mensch immer solche Macht über den äußeren Menschen gehabt, daß die Welt nie die Möglichkeit hatte, diesen von seinen inneren Wurzeln loszureißen; im Westen dagegen trat der äußere Mensch so sehr in den Vordergrund, daß er sich seinem innersten Wesen entfremdete. Der eine Geist, die Einheit, Un-

bestimmbarkeit und Ewigkeit blieben dem einen Gott vorbehalten. Der Mensch wurde klein, nichtig und war grundsätzlich im Unrecht.
(Werke 11, 530 f.)

Wenn größter Wert (Christus) und größter Unwert (Sünde) draußen sind, so ist die Seele entleert: es mangelt ihr Tiefstes und Höchstes. Die östliche Haltung (insbesondere die indische) verfährt umgekehrt: alles Höchste und Tiefste ist im (transzendentalen) Subjekt. Dadurch steigert sich die Bedeutung des «âtman», des Selbst, ins Maßlose. Beim Abendländer aber sinkt der Wert des Selbst auf den Nullpunkt. Daher kommt die im Westen allgemeine Unterschätzung der Seele. Wer von der Wirklichkeit der Seele spricht, dem wird «Psychologismus» vorgeworfen. Von Psychologie wird im «Nur»-Ton gesprochen. Die Auffassung, daß es psychische Faktoren gebe, welche göttlichen Figuren entsprechen, gilt als Entwertung dieser. Es streift an Blasphemie, zu denken, daß ein religiöses Erlebnis ein psychischer Vorgang sei; denn es ist – argumentiert man – «nicht nur psychologisch». Das Psychische ist nur Natur, und darum kann aus ihm nichts Religiöses hervorgehen, wie man meint. Dabei zögern solche Kritiker keinen Augenblick, alle Religionen – mit Ausnahme der eigenen – aus der Natur der Seele hervorgehen zu lassen. (Grundwerk 5, 14 f.)

Der Inder kann weder den Körper noch den Geist vergessen, der Europäer vergißt immer das eine oder das andere. Mit dieser Fähigkeit hat er vorderhand die Welt erobert, der Inder dagegen nicht. Der Inder kennt nicht nur seine *Natur*, sondern er weiß auch, bis zu welchem Grade er sie selber ist. Der Europäer dagegen hat eine *Wissenschaft* von der Natur und weiß von seiner eigenen Natur, der Natur in ihm, erstaunlich wenig. Es ist dem Inder eine Wohltat, um eine Methode zu wissen, welche ihm hilft, die Allgewalt der Natur innen und außen zu beherrschen. Für den Europäer ist es Gift, seine bereits verstümmelte Natur noch gänzlich zu unterdrücken und einen ihm zusagenden Robot daraus zu machen. Man sagt zwar vom Yogi, daß er Berge versetzen könne, jedoch wird ein realer Beweis dafür schwerlich erbracht werden können. Das Können der Yogi bewegt sich in für die Umwelt annehmbaren Grenzen. Der Europäer dagegen kann Berge in die Luft sprengen, und was er sonst noch kann, wenn sein der menschlichen Natur entfremdeter Intellekt losgelassen wird, davon hat der Weltkrieg uns einen bitteren Vorgeschmack gegeben. Mehr «Kontrolle», mehr Macht über die Natur in und um uns kann ich als Europäer dem Europäer nicht wünschen [...] Der Europäer hat sich durch seine historische Entwicklung soweit von den Wurzeln entfernt, daß sich sein Geist schließlich in Glauben und Wissen gespalten hat, wie sich jede psychologische Übertreibung in ihre Gegensatzpaare auflöst. Er bedarf der Rückkehr, nicht in Rousseau'scher Manier zur Natur, sondern zu *seiner Natur*. Seine Aufgabe ist es, den *natürlichen Menschen* wieder aufzufinden. Er möchte aber statt dessen nichts lieber als Systeme und Methoden, um den natürlichen Menschen, der ihm überall in die Quere kommt, zu unterdrücken.

(Werke 11, 575 f.)

Hier liegt nun ein Unterschied zwischen östlichem und westlichem Geist vor. Es ist derselbe Unterschied, dem wir schon begegnet sind: es ist der zwischen Hochaltar und Tiefaltar. Der Westen sucht immer Erhebung, der Osten aber Versenkung oder Vertiefung. Die äußere Wirklichkeit mit ihrem Geist der Körperhaftigkeit und Schwere scheint den Europäer viel stärker und schärfer anzupacken als den Inder. Darum sucht ersterer sich über die Welt zu erheben, letzterer aber kehrt gern in die mütterlichen Tiefen der Natur zurück.

(Grundwerk 9, 176)

Die Weisheit und die Mystik des Ostens haben daher gerade uns sehr viel zu sagen, wennschon sie ihre eigene, nicht nachzuahmende Sprache sprechen. Sie sollen uns an das erinnern, was wir in unserer Kultur an ähnlichem besitzen und schon vergessen haben, und unsere Aufmerksamkeit auf das richten, was wir als unerheblich zur Seite schieben, nämlich auf das Schicksal unseres inneren Menschen.

(Werke 11, 632)

Der Christ wird in der Kontemplation nie sagen: *Ich* bin Christus, sondern mit Paulus wird er bekennen: «Ich lebe, aber nicht mehr ich, sondern Christus lebt in mir» (Gal 2,20). Unser Sûtra aber sagt: Du wirst erkennen, daß *du* Buddha bist. Im Grunde ist das Bekenntnis identisch, insofern der Buddhist diese Erkenntnis nur erreicht, wenn er «anâtman», das heißt ohne Selbst, ist, aber in der Formulierung besteht ein grenzenloser Unterschied: der Christ erreicht sein Ende in Christus, der Buddhist erkennt, daß er

Buddha ist. Der Christ kommt eben aus der vergänglichen und ichhaften Bewußtseinswelt, der Buddhist aber ruht *noch* auf dem ewigen Grund der inneren Natur, deren Einssein mit der Gottheit oder dem universalen Wesen uns auch in andern indischen Bekenntnissen entgegentritt.
(Grundwerk 9, 181)

Wissenschaft ist das Werkzeug des westlichen Geistes, und man kann mit ihr mehr Türen öffnen als mit bloßen Händen. Sie gehört zu unserem Verstehen und verdunkelt die Einsicht nur dann, wenn sie das durch sie vermittelte Begreifen für das Begreifen überhaupt hält.
Es ist aber gerade der Osten, der uns ein anderes, weiteres, tieferes und höheres Begreifen lehrt, nämlich *das Begreifen durch das Leben*. Letzteres kennt man eigentlich nur noch blaß, als ein bloßes, fast schemenhaftes Sentiment aus der religiösen Ausdrucksweise, infolgedessen man auch gerne das östliche «Wissen» in Anführungszeichen setzt und in das obskure Gebiet des Glaubens und Aberglaubens verweist. Damit ist aber die östliche «Sachlichkeit» gänzlich mißverstanden. Es sind nicht sentimenthafte, mystisch übersteigerte, ans Krankhafte streifende Ahnungen von asketischen Hinterweltlern und Quer-

köpfen, sondern praktische Einsichten der Blüte chinesischer Intelligenz, welch letztere zu unterschätzen wir keinerlei Anlaß haben.

(Geheimnis der Goldenen Blüte, 4)

Die wachsende Bekanntschaft mit dem geistigen Osten darf uns nur symbolischen Ausdruck der Tatsache bedeuten, daß wir anfangen, *mit dem noch Fremden in uns in Verbindung zu treten.* Verleugnung unserer eigenen historischen Vorbedingungen wäre reine Torheit und wäre der beste Weg zu einer nochmaligen Entwurzelung. Nur indem wir fest stehen auf eigener Erde, können wir den Geist des Ostens assimilieren.

(Geheimnis der Goldenen Blüte, 45)

Grundlegend neu anfangen

Der schöpferische Mystiker war von jeher das Kreuz der Kirche. Aber diesen Leuten verdankt die Menschheit ihr Bestes.
(Werke 14/II, 138)

Große Heilige waren bekanntlich nicht selten große Ketzer, und darum ist wohl jeder, der unmittelbare Gotteserfahrung hat, wenigstens ein bißchen außerhalb der Ordnung, welche man Kirche nennt.
(Werke 11, 350)

Der Gottestod (oder das Verschwinden) ist keineswegs nur ein christliches Symbol. Das an den Tod anschließende Suchen wiederholt sich auch heute noch nach dem Tode eines Dalai Lama, wie es jährlich im Suchen der Kore in der Antike gefeiert wurde. Diese weite Verbreitung spricht für das allgemeine Vorhandensein dieses typischen seelischen Vorganges: der höchste, lebenspendende und sinngebende Wert ist verloren gegangen. Dieser Vorgang ist ein typisches, das heißt sich häufig wiederholendes Erlebnis, deshalb ist es auch an zentraler Stelle im christlichen Mysterium ausgedrückt. Dieser Tod oder Verlust muß sich immer wiederholen; Christus stirbt immer, wie er immer geboren wird; denn das psychische Leben des Archetypus ist unzeitlich im Vergleich zu unserer individuellen Zeitgebundenheit. Nach welchen Gesetzen bald dieser, bald jener Aspekt des Archetypus wirksam in die Erscheinung tritt, das entzieht sich meiner Kenntnis. Ich weiß nur – und damit drücke ich das Wissen unendlich vieler Menschen aus –, daß gegenwärtig eine Zeit des Gottestodes und Gottesverschwindens ist. Der Mythus sagt: er werde dort nicht mehr gefunden, wo sein Leib niedergelegt wurde. Der «Leib» entspricht der äußeren, sichtbaren Form, der bisherigen, aber vorübergehenden Fassung des höchsten Wertes. Der Mythus sagt nun des weiteren aus, daß der Wert in wunderbarer Weise, aber gewandelt, wieder ersteht. Es erscheint als ein Wunder, denn wenn ein Wert verschwindet, scheint er jeweils unwiderbringlich verloren. Es ist daher durchaus unerwartet, daß er wiederkommen sollte. Die während der drei Todestage stattfindende Höllenfahrt [Christi] beschreibt das Versinken des verschwundenen Wertes ins Unbewußte, wo er (im Sieg über die Macht der Finsternis) eine neue Ordnung herstellt, und von wo er wieder auftaucht bis zur Höhe des Himmels, das heißt bis zur höchsten Bewußtseinsklarheit. Da nur wenige den Auferstandenen sehen, so bedeutet das, daß keine geringen Schwierigkeiten bestehen, den gewandelten Wert wiederzufinden und zu erkennen.

(Grundwerk 4, 92 f.)

Natürlich stellt sich mir immer wieder die Frage nach der Beziehung der Symbolik des Unbewußten zur christlichen Religion und auch zu anderen Religionen. Ich lasse der Christlichen Botschaft nicht nur eine Tür offen, sondern sie gehört ins Zentrum des westlichen Menschen. Allerdings bedarf sie einer neuen Sicht, um den säkularen Wandlungen des Zeitgeistes zu entsprechen; sonst steht sie neben der Zeit und die Ganzheit des Menschen neben ihr. Dies habe ich mich bemüht, in meinen Schriften darzulegen.

(Erinnerungen, 213)

Mich interessieren einzig die Tatsachen. Auf dieser empirischen Grundlage hat jede Religion ihren Tempel errichtet, und die beiden intoleranten unter ihnen, das Christentum und der Islam, machen sich den totalitären Anspruch streitig, daß ihr Gebäude das einzig richtige sei.

(Lesebuch, 530)

Es gibt heutzutage zahllose Neurotische, die es einfach darum sind, weil sie nicht wissen, warum sie eigentlich nicht auf ihre eigene Façon selig werden dürfen [. . .]. Und außer diesen Neurotischen gibt es noch viel mehr Normale – und zwar Menschen von besserer Sorte – die sich beengt und unzufrieden fühlen, weil sie kein Symbol mehr haben, welches der Libido eine Bahn gewähren würde. Für all diese soll die Reduktion auf die ursprünglichen Tatsachen vorgenommen werden, damit sie ihre primitive Persönlichkeit wieder kennenlernen und wissen, wie und wo sie in die Rechnung einzustellen ist. Auf diese Weise allein kann es geschehen, daß gewisse Forderungen erfüllt, andere aber als unbillig, weil infantil, erkannt und zurückgewiesen werden. Wir bilden uns ein, unsere Primitivität sei längst verschwunden, und es existiere nichts mehr davon. Wir sind in dieser Beziehung grausam enttäuscht worden. Das Böse hat unsere Kultur überschwemmt wie nie zuvor.

(Grundwerk 8, 76 f.)

Nötig sind einige einleuchtende Wahrheiten, aber keine Glaubensartikel. Wo eine verständliche Wahrheit wirkt, da stellt sich auch willig der Glaube ein, der noch immer da geholfen hat, wo das Denken und Verstehen nicht ganz mitkam. Das Verständnis ist nämlich nie ein Notbehelf des Glaubens, sondern umgekehrt ergänzt der Glaube das Verständnis. Die Menschen zu einem Glauben zu erziehen, den sie nicht verstehen, ist gewiß eine gutgemeinte Bemühung. Man riskiert aber, damit eine Einstellung zu erzeugen, die alles glaubt, was sie nicht versteht.

(Werke 18/II, 644)

Auf diesem, schon in hohem Maße zur Tatsache gewordenen Instinktverlust beruht die Pathologie der Gegenwartskultur. Wohl halten die Religionen, welche, unter diesem Gesichtswinkel betrachtet, psychische Heilsysteme sind, die Beziehung zum mundus archetypus [archetypische Welt] der Seele noch aufrecht, aber sie verlieren, wie die Erfahrung zeigt, in zunehmendem Maße den Griff, so daß Europa heute schon in weitem Umfang entchristlicht oder sogar antichristianisiert ist. Die Bemühungen der modernen Psychologie des Unbewußten erscheinen daher, in diesem Licht betrachtet, als zweckmäßige Heilreaktionen der europäischen Seele, die durch Bewußtmachung des Unbewußten versucht, den verlorengegangenen Zusammenhang mit ihren Wurzeln wieder herzustellen. Es handelt sich hierbei nicht etwa nur um eine Restitution der Naturtriebe (welche Freuds besondere Präokkupation zu sein scheint), sondern auch um eine Erneuerung der Beziehung zu den archetypischen Anschauungs- und Funktionsformen, welche dem Trieb Gestalt und sinnvolle Begrenzung geben. Zur Erreichung dieses Zwecks ist natürlich die Kenntnis der Archetypen unerläßlich.

In erster Linie steht die Frage nach der Existenz eines *archetypischen Gottesbildes*, denn einem solchen kommt eine essentielle Bedeutung für die Determination menschlichen Handelns zu. Es gibt nun tatsächlich einen empirisch feststellbaren Typus, der symbolgeschichtlich sowohl wie kasuistisch als «Gottesbild» ausgewiesen ist, nämlich ein Ganzheitsbild, das ich als *Symbol des Selbst* bezeichnet habe. In dieser Hinsicht kommen praktisch am häufigsten die sogenannten Mandalasymbole in Betracht.

(Werke 18 II, 705)

Heutzutage muß wahrhaftig der ärztliche Psychotherapeut seinen gebildeten Patienten die

Grundlagen religiösen Erlebens wieder klarmachen und ihnen sogar den Weg weisen, der sie dorthin führt, wo ein solches Erleben überhaupt möglich wird. Wenn ich daher als Arzt und Naturforscher die komplizierten religiösen Symbole analysiere und in ihre Ursprünge zurückverfolge, so geschieht dies einzig und allein zu dem Zweck, die Werte, welche sie repräsentieren, durch das Verständnis zu erhalten und die Leute wieder in den Stand zu setzen, symbolisch zu denken, wie es die Denker der alten Kirche noch konnten. Das war beileibe keine strohdürre Dogmatik. Nur, wenn heute noch so gedacht wird, so ist das eben antiquiert und erreicht den modernen Menschen nicht mehr. Deshalb muß für diesen ein Weg ausfindig gemacht werden, welcher es ihm ermöglicht, am Inhalt der christlichen Botschaft geistig wieder Anteil zu nehmen.

In einer Zeit, wo ein großer Teil der Menschheit anfängt, das Christentum wegzulegen, lohnt es sich wohl, klar einzusehen, wozu man es eigentlich angenommen hat. Man hat es angenommen, um der Roheit und Unbewußtheit der Antike zu entkommen. Legen wir es weg, so steht schon wieder die ursprüngliche Roheit da, von der uns ja die zeitgenössische Geschichte einen nicht mehr zu überbietenden Eindruck gegeben hat. [...] Wir haben es ja erlebt, was kommt, wenn ein ganzes Volk die moralische Maske zu dumm findet. Dann wird die Bestie losgelassen, und eine ganze Zivilisation geht im Rausche der Entsittlichung unter.

(Grundwerk 8, 76)

Das Christentum muß notgedrungen wieder von vorne beginnen, wenn es seiner hohen Erziehungsaufgabe genügen soll. Solange die Religion nur Glaube und äußere Form und die religiöse Funktion nicht eine *Erfahrung* der eigenen Seele ist, solange ist nichts Gründliches geschehen. Es muß noch verstanden werden, daß das «mysterium magnum» [große Geheimnis] nicht nur an sich vorhanden, sondern auch vornehmlich in der menschlichen Seele begründet ist. Wer das nicht aus Erfahrung weiß, der mag ein Hochgelehrter der Theologie sein; aber von Religion hat er keine Ahnung, und noch weniger von Menschenerziehung.

Wenn ich aber nachweise, daß die Seele natürlicherweise eine religiöse Funktion besitzt, und wenn ich fordere, daß es die vornehmste Aufgabe aller Erziehung (des Erwachsenen) sei, jenen Archetypus des Gottesbildes, respektive dessen

Ausstrahlungen und Wirkungen, ins Bewußtsein
überzuführen, da fällt mir eben gerade die Theologie in den Arm und überführt mich des «Psychologismus».

(Grundwerk 5, 17 f.)

In einer geradezu tragischen Verblendung sehen
diese Theologen nicht ein, daß es sich nicht darum handelt, die Existenz des Lichtes zu beweisen, sondern darum, daß es Blinde gibt, die nicht
wissen, daß ihre Augen etwas sehen könnten.
Man sollte nachgerade einmal merken, daß es
nichts nützt, das Licht zu preisen und zu predigen, wenn es niemand sehen kann. Vielmehr wäre es notwendig, dem Menschen die Kunst des
Sehens beizubringen. Es ist ja offenkundig, daß
allzuviele unfähig sind, einen Zusammenhang
zwischen den heiligen Figuren und ihrer eigenen
Seele herzustellen; das heißt, sie können nicht
sehen, daß und inwiefern entsprechende Bilder
in ihrem eigenen Unbewußten schlummern. Um
diese innere Schau möglich zu machen, muß der
Weg zum Sehenkönnen freigemacht werden. Wie
dies ohne Psychologie, das heißt ohne Berüh-
rung der Seele, erreicht werden soll, ist mir, offen
gestanden, unerfindlich.

(Grundwerk 5, 18 f.)

Mir scheint, die wichtigste Aufgabe des Seelenerziehers der Gegenwart wäre es, den Menschen einen Weg zu zeigen, wie sie zu der Urerfahrung gelangen, welche z. B. Paulus auf dem Weg nach Damaskus am deutlichsten gegenübergetreten ist. Nach meiner Erfahrung eröffnet sich dieser Weg nur im seelischen Entwicklungsprozeß des einzelnen.

(Briefe I, 278 f.)

Als Arzt ist es meine Aufgabe, dem Patienten zur Lebensfähigkeit zu verhelfen. Über seine letzten Entscheidungen kann ich mir darum kein Urteil anmaßen, weil ich aus Erfahrung weiß, daß jeder Zwang, sei es leise Suggestion oder Zureden oder sonstige Alterierungsmethoden, letzten Endes nichts bewirkt als eine Verhinderung des höchsten und entscheidenden Erlebnisses, nämlich des Alleinseins mit seinem Selbst, oder was für einen Namen man immer der Objektivität der Seele beilegen mag. Er muß schon allein sein, um zu erfahren, was ihn trägt, wenn er sich nicht mehr tragen kann. Einzig diese Erfahrung gibt ihm unzerstörbare Grundlage.

Diese wahrhaftig nicht leichte Aufgabe würde ich jederzeit mit Freuden den Theologen überlassen, wenn nicht viele meiner Patienten gerade vom Theologen herkämen. Sie hätten in der kirchlichen Gemeinschaft hängenbleiben sollen, sind aber vom großen Baum wie ein welkes Blatt abgefallen und bleiben nun in der Behandlung hängen.

(Grundwerk 5, 32 f.)

Der Arzt muß sich damit trösten, daß er, wie alle seine Fachgenossen, nicht nur heilbare Patienten hat, sondern auch chronische, wo seine Heiltätigkeit zur Pflege wird. Allerdings gibt uns das Beobachtungsmaterial keine genügende Handhabe, immer von Krankheit zu sprechen; im Gegenteil, man merkt, daß es sich um ein moralisches Problem handelt, und wünscht sich oft einen Priester, der nicht bekennt und bekehrt, sondern hört, gehorcht und diese sonderbare Angelegenheit wiederum Gott vorlegt, damit Er entscheide.

(Grundwerk 3, 205)

Eines der größten Hindernisse unserer seelischen Entwicklung ist, wie mir scheint, das Überhören der inneren Stimme zugunsten eines kollektiven, konventionellen Ideals, das uns unempfindlich macht gegen die Schäden am eigenen Haus und uns das Recht verleiht, dem Nachbarn gute Ratschläge zu erteilen. Wenn man an einer sogenannten großen Sache mittut, so kann man es sich leicht schenken, etwas an seiner – ach so kleinen und unbedeutenden Seele ausbessern zu müssen. Daß aber dann das gute Mittel in der Hand des verkehrten Mannes Verkehrtes wirkt, daran denkt niemand.

(Briefe II, 301)

Wir müssen uns in aller Bescheidenheit mit der Beschränktheit alles menschlichen Wissens begnügen und es für ein Gnadengeschenk halten, wenn uns irgendeine Erfahrung des Unerforschlichen zufallen sollte. Was die Menschen von jeher Gott genannt haben, ist das Unerforschliche schlechthin.

(Briefe I, 166)

Es ist ein Vorrecht der Moralisten, dem lieben Gott am wenigsten Zutrauen zu schenken, indem sie glauben, daß der schöne Baum der Menschheit nur dank dem Herumstutzen, Anbinden und An-Spalier-Ziehen gedeihe, während doch der Vater Sonne und die Mutter Erde ihn nach tiefen, sinnreichen Gesetzen zu ihrer Freude haben wachsen lassen.

(Werke 7, 281)

Ich glaube, ich kann Sie in bezug auf Ihre Frage, ob die Tage des Evangeliums gezählt seien, durchaus beruhigen. Man wird das Evangelium immer wieder lesen, und auch ich selber lese es immer wieder. Man liest es nämlich mit viel mehr Gewinn, wenn man einige Einsicht in die eigene Seele hat. Wer aber sein eigenes Herz nicht kennt, dessen Augen sind blind, und deshalb empfehle ich immer die Anwendung von etwas Psychologie, damit man gerade Dinge wie das Evangelium noch besser verstehen kann.

(Briefe II, 80)

Genau gesagt, halte ich mich für einen Christen, bin aber zugleich davon überzeugt, daß das heutige Christentum nicht die letzte Wahrheit darstellt; das beweist die chaotische Situation unserer Zeit. Der augenblickliche Zustand erscheint mir unerträglich, darum erachte ich eine grundlegende Weiterentwicklung des Christentums für absolut notwendig. Meiner Meinung nach müßten die Erkenntnisse der Psychologie des Unbewußten berücksichtigt werden.

(Briefe III, 322 f.)

Zitierte Werke

C. G. Jung, Gesammelte Werke, 19 Bände, hrsg. von
Lilly Jung-Merker und Elisabeth Rüf, Olten 1971 ff.

C. G. Jung, Briefe, 3 Bände, Olten 1972 f.

C. G. Jung/R. Wilhelm, Das Geheimnis der Goldenen
Blüte. Ein chinesisches Lebensbuch, Olten 1971

Erinnerungen, Träume, Gedanken von C. G. Jung,
aufgezeichnet von Aniela Jaffé, Olten 1971,
Sonderausgabe 1984

Das C. G. Jung Lesebuch, ausgewählt von Franz Alt,
Olten 1983 (Ullstein Tb.)

Grundwerk C. G. Jung, herausgegeben von Helmut Barz,
Ursula Baumgardt, Rudolf Blomeyer, Hans Dieckmann,
Helmut Remmler, Theodor Seifert, Olten 1984/85

Band 1: Grundfragen zur Praxis

Band 2: Archetyp und Unbewußtes

Band 3: Persönlichkeit und Übertragung

Band 4: Menschenbild und Gottesbild

Band 5: Traumsymbole des Individuationsprozesses

Band 6: Erlösungsvorstellungen in der Alchemie

Band 7: Symbol und Libido

Band 8: Heros und Mutterarchetyp

Band 9: Mensch und Kultur

C. G. Jung

VON SINN UND WAHN-SINN

Einsichten und Weisheiten

Ausgewählt von Franz Alt

Jung besaß ein seismographisches Gespür sowohl für das, was hinter den «Zwischenwänden» der Seele vorging, als auch für das, was sich kollektiv in der Menschheit anbahnte. Dazu kennzeichnete ihn eine wache kritische und selbstkritische Grundhaltung.

Es mag erstaunen, daß er auch in den negativen Erfahrungen des Lebens Sinn und Zukunft fand. Und zwar nicht aus religiöser Ideologie oder frommem Wunschdenken heraus, sondern aufgrund empirischer Erfahrungen mit sich selbst und seinen unzähligen Patienten, Freunden und Bekannten.

«Franz Alt hat aus den Gesammelten Werken C. G. Jungs kostbare Gedanken herausgehoben, die hier wie in einem Schatzkästlein gesammelt sind.»   Schleswig-Holsteinisches Ärzteblatt

Walter-Verlag

C. G. Jung

VON TRAUM UND SELBSTERKENNTNIS

Einsichten und Weisheiten

Ausgewählt von Franz Alt

Eine kleine Einführung in die Wichtigkeit der Träume und ihrer Deutung für unser Leben. Jung, der über 80 000 Träume analysiert hat, zeigt wie kein anderer vor ihm die Funktion der Träume auf. Die Träume verhalten sich kompensatorisch gegenüber dem Wachbewußtsein, indem sie die Schlagseiten unserer bewußten Einstellung zum Ausgleich zu bringen suchen. Sie verhalten sich aber auch prospektiv, indem sie auf die Folgen hinweisen, die unweigerlich entstehen werden, wenn das Ich seine falsche Einstellung nicht ändert.

«Jeder Traum ist Informations- und Kontrollorgan und darum das wirksamste Hilfsmittel beim Aufbau der Persönlichkeit.»   C. G. Jung

Walter-Verlag